님
밤

님·밤 ― 최민순 신부 시집

2022년 9월 8일 교회 인가
2022년 12월 8일 초판 1쇄 펴냄
2025년 11월 10일 초판 4쇄 펴냄

지은이 · 최민순
펴낸이 · 정순택
펴낸곳 · 가톨릭출판사
편집 겸 인쇄인 · 김대영
편집 · 김지영, 박다솜, 박도연, 허유정
디자인 · 이경숙, 강해인, 우지수, 정호진
마케팅 · 임찬양, 안효진, 황희진, 노가영, 이영실

본사 · 서울특별시 중구 중림로 27
등록 · 1958. 1. 16. 제2-314호
전자우편 · edit@catholicbook.kr
전화 · 1544-1886(대표 번호)
지로번호 · 3000997

ISBN 978-89-321-1838-3 03810

값 18,000원

ⓒ 최민순

성경 ⓒ 한국천주교중앙협의회, 2022.

이 책은 저작권법에 의해 보호를 받는 저작물이므로 무단 전재와 무단 복제를 금합니다.

가톨릭의 모든 도서와 성물, 디지털 콘텐츠를 '가톨릭북플러스'에서 만날 수 있습니다.
https://www.catholicbookplus.kr | (02)6365-1888(구입 문의)

최민순 신부
시집

님 밤

가톨릭출판사

일러두기

- 이 책은 1955년 초판 발행된 최민순 신부 시집 《님》과 1963년 초판 발행된 《밤》의 합본 시집입니다.
- 작품의 수록 순서는 원 시집 그대로 따랐습니다.
- 각 시의 맞춤법은 가능한 현행 맞춤법에 맞춰 수정하였습니다. 단, 맞춤법에는 맞지 않지만 시적 표현으로 여겨지거나, 시의 운율을 살리기 위해 일부 표현은 그대로 두고 필요한 경우 각주를 넣었습니다.
- 교회 용어, 성경 구절, 인명, 지명은 가능한 원 시 그대로 두고, 필요한 경우 각주를 넣었습니다.
- 원 시에 있는 한자 표기는 한글로 바꾸고, 단어 의미상 한자 표기가 필요한 경우 한글 옆에 별도로 표기하였습니다.

추천의 말씀

'님'을 향한 최민순 신부의 마음을 닮기를

> 외딸고 높은 산 골짜구니에
> 살고 싶어라
> 한 송이 꽃으로 살고 싶어라
> ― 〈두메꽃〉 중에서 ―

† 주님의 평화를 빕니다.

사랑하는 형제자매 여러분!
예술 작품은 시대가 지날수록 그 가치와 의미가 깊어집니다. 사람들은 오래된 음악, 오래된 미술 작품, 오래된 문학 작품을 찾으며 그 안에서 삶을 살아가는 의미를 찾습니다. 영상이 글보다 가까운 지금 세태에도 불구하고 아직도 사람들은 문학을 통해 이 시대를 살아가는 힘을 얻습니다.

이러한 문학 작품으로 깊은 감동과 여운을 주는 분이 우리 가톨릭교회에도 계십니다. 바로 최민순 요한 신부님이 십니다. 신부님은 1912년 전라북도 진안에서 출생하셨고, 1935년 사제가 되셨습니다. 그리고 1975년 선종하시기까지, 수많은 작품을 남기셨습니다. 신부님의 작품들은 성가와 기도로 많은 신자들의 마음에 영성을 불어넣어 주고 있습니다. 사람의 마음을 울리는 감성을 넘어 영성을 지니셨던 신부님의 두 시집 《님》, 《밤》을 재편집한 《님·밤 — 최민순 신부 시집》의 출간 소식이 매우 반가웠습니다. 특히 이곳 신학교 목자의 길을 산책할 때 만나는 최민순 신부님의 〈두메꽃〉 시비詩碑를 보며 신부님의 마음을 매 순간 느끼고 있기에 더욱더 기쁩니다.

최민순 신부님의 시에는 하느님을 향한 깊은 사랑과 열정이 잔잔하게 담겨 있습니다. 특히 신부님의 시를 가만히 읊어 보면 일상과 자연의 소박함 속에서 발견한 하느님에 대한 깊은 사랑이 느껴집니다. 신부님께서는 〈채송화의 노래〉라는 시에서 "낮이면 파아란 하늘/ 밤이면 별들을 바라보며/ 하늘나라까지 키가 뻗고 싶습니다"라고 노래하십니다. 하느님과 일치하고자 하는 간절함을 시 하나하나에 담으신 신부님의 마음은 지금까지도 작품을 만나는 우리 모두가 느낄 수 있습니다.

시대가 빠르게 변화하는 가운데, 사람들의 영적 목마름은 심해지고 있습니다. 이러한 때, 《님·밤 — 최민순 신부 시집》을 접하는 모든 사람들이 신부님의 '님'을 향한 소박하고 은은한 사랑 고백을 통해 목마름을 해소하는 기회가 되길 바랍니다. 또한 이 책을 통해 주님을 향해 나아가는 모든 이가 '님'에 대한 신부님의 마음을 닮아 가기를 간절히 기도합니다.

가톨릭대학교 성신 교정에서
염수정 안드레아 추기경

추천의 말씀

우리말의 연금술사, 최민순 신부

나는

님을 위하여 녹는 초 한 자루

이러한 때

도시 밤은 어둠일 수 없음을

— 〈밤〉 중에서 —

† 찬미 예수님!

시는 짧지만, 그렇기에 더욱더 그 어떤 문학 작품보다도 사람들 마음에 깊이 새겨집니다. 아름다운 시는 빛을 환히 밝힌 채 사람들 입에서 오르내리며, 삶의 이정표가 되어 줍니다. 우리 교회에도 신앙의 이정표가 되어 주는 시들이 있습니다. 바로 최민순 요한 신부님께서 쓰신 시들입니다.

독일의 대문호 괴테는 "내가 시를 만든 것이 아니다. 시가 나를 만든 것이다."라고 말했습니다. 괴테의 말처럼, 최민순 신부님의 시에는 신부님의 삶과 영성이 녹아 있습니다. 교회의 기도인 '성무일도'에 담겨 있는 최민순 신부님의 멋진 번역으로 된 시편들을 고맙게 읊고 있는 저로서는 최민순 신부님의 시들이 담긴 시집 《님》과 《밤》이 서로 만나 한 권으로 출간됨에 매우 기쁘고 반갑게 생각합니다.

가히 우리말의 연금술사 같은 최민순 신부님의 시에는 세심한 손길과 풍부한 감수성으로 표현한 우리말이 아름답게 펼쳐집니다. 신부님께서는 이러한 감수성을 바탕으로 구약 성경의 시편과 아가, 예수의 데레사 성녀와 십자가의 요한 성인의 저서, 아우구스티노 성인의 《고백록》, 그리고 단테의 《신곡》과 세르반테스의 《돈키호테》를 번역하셨습니다. 단지 번역이라기보다는 하나의 시를 쓰셨다고 할 수 있을 만큼 운율이 살아 있기에, 신부님께서 번역한 작품들은 지금도 많은 사람들에게 읽히며 감동을 주고 있습니다.

또한 최민순 신부님의 시에는 아름다운 우리말과 함께, '님', 곧 하느님을 향한 신부님의 사랑, 그리고 믿음이 담겨 있습니다. 김수환 추기경님께서는 신부님에 대해 이렇게 말씀하셨습니다. "신부님은 하느님을 떠나서 당신의 삶의 의미나 존재의 가치를 찾지 못했습니다. 이 영성의 깊이, 이 신앙의 깊이는 참으로 우리 모두가 본받고 따라야 할 귀감입니다." 그렇기에 저는 《님 · 밤 — 최민순 신부 시집》에 담긴 시들을 읽어 보기를 여러분에게 권하고 싶습니다. 신부님의 시들은 우리 마음에 감동을 주는 동시에, 우리 안에 있는 어두움을 비추며 하느님께 나아가는 길을 보여 줄 것입니다. 그리하여 신부님께서 시 〈밤〉을 통해 말씀하시듯이, 우리 모두가 "밤이 어둠이 될 수 없"도록 "님을 위하여 녹는 초 한 자루"가 될 수 있기를 간절히 기도합니다.

천주교 서울대교구장

정순택 베드로 대주교

✝ 정 순 택

차례

추천의 말씀 _ 염수정 추기경
'님'을 향한 최민순 신부의 마음을 닮기를 5
추천의 말씀 _ 정순택 대주교
우리말의 연금술사, 최민순 신부 9

최민순 신부 시집 **님**

서시 21

밤

밤 27
야훼의 영광 29
성모의 밤 31
촛불 34
두메꽃 36
침묵의 성자 38
삼천 기도 41

제물

제물 45
돌아와서 1 47
돌아와서 2 49

신비로운 장미 51
겨울나무 55
앎과 믿음과 56
추야장 58
가거라 61

참회

참회 67
눈썹 하나 깜짝 않으리라 69
님 없는 삶 73
성체 거동 75
향수 78
SANCTA MATER ECCLESIA 83

최민순 신부 시집 **밤**

머리말 93

창작 시편

님이 나신 밤 99
성탄송가 104
섭리의 밤 108

역사　112
막달라 마리아　114
마지막이던 밤　118
ECCE LIGNUM CRUCIS　122
겟세마니의 밤　127
님이 다시 살으신 날　131
LUMEN CHRISTI　136
떠나면서　138
나그네의 노래　140
이방인　144
길섶에서　147
외로운 사람끼리　150
아직도 너의 봄은 아니다　153
천당이 어디냐구　156
해　157
은혼의 곡　159
접동새처럼　164
죽여 주소서　166
채송화의 노래　169
LOURDES　171
엉겅퀴　178
늙은 사나이　180
고목의 기도　182
담 하나 사이　184
두 눈알을 쟁반에 받쳐 들고　187
아! SAN JUAN DE LA CRUZ　190

번역 시편

성녀 대 데레사

내 님은 나의 것 205
못 죽어 죽겠음을 207
님의 아름다움 211
나 안에서 널 찾아라 212
나는 그대의 것 215
귀양살이의 하소연 221
십자가 송 227
십자가 229
밤새는 목동들아 233
구세주 나시다 235
성탄 237
벌써 새벽인걸요 240
피를 흘리며 [할례] 241
내 눈들 그대 뵙과저 243
왕들과 하냥 245
피를 [할례] 247
성 안드레아에게 249
성 힐라리온에게 252
성녀 가타리나에게 254
행복스런 마음 256
사랑의 대화 257
얼씨구절씨구 258
하늘로 가자 261
행운 264
인내 265

십자가의 성 요한

어둔 밤 269
영혼의 노래 272
사랑의 산 불꽃 287
들어는 와도 289
사노라 293
사랑의 치미는 힘에 297
외로운 목동 300
그래도 밤이어라 302
ROMANCE 1 "비롯음에 말씀이 계시더라"
의 복음을 따라 306
ROMANCE 2 성삼위 309
ROMANCE 3 창조 311
ROMANCE 4 값 313
ROMANCE 5 318
ROMANCE 6 321
ROMANCE 7 성자 강생 323
ROMANCE 8 327
ROMANCE 9 329
바빌론에 흐름하는 331
기댈 데 없이 335
아리따움 통틀어 대도 337
하느님 말씀 342
완덕의 요체 343

아시시의 성 프란치스코

태양의 노래　347

부록

최민순 신부 연보　353
최민순 신부 작품　357
최민순 신부에게 보내는 편지 _ 이해인 수녀
님을 향한 그리움으로 밤을 노래한
아름답고 간절한 영성의 시편들　359
최민순 신부 장례 미사 강론 _ 김수환 추기경
시인이며 사제인 영성 신학자　363

최민순 신부
시집

―

님

서시

갈대올시다

구중궁궐 뜰 한복판의 곤룡포의 그늘을 마시고 자라나는 화사로운 식물도 아니옵고, 그윽한 지밀至密[1]의 보드라운 손길에 웃음을 아로새기는 금란金蘭[2] 같은 행운도 지니지 못했답니다.

이건 한낱 갈대, 그나마 부러진 갈대일 따름입니다. 부러진 몸일 망정 이를 불살라 버리지 못하는 님의 사랑이 두터우시기에 님의 다스한 그 두 잎 입시울[3]에 물리어서 언제나 노래를 불어야 하는 피리올시다.

---

1 지극히 은밀하고 비밀스럽다는 뜻에서, 임금이 늘 거처하던 곳을 이르던 말.
2 금난초. 우리나라 남부 지방에서 주로 자라는 다년생 초본.
3 '입술'의 옛말.

피리라도 — 사나운 들짐승의 발굽에 마구 깔려지기도 하고, 때로는 된바람[4]의 후려침에 가냘픈 허리가 접혀지기도 하였던 갈대 피리!

피리란들 이런 몸이고서야 어찌 아리따운 소리를 생심生心[5]이나 하오리까.

비록 다 헐어진 나일지라도 노래하는 사명을 저버릴 수 없음은 죽고 살기를 오로지 님 하나께 걸고 있는 때문이오니 진실로 그이는 내 영혼이 아픈 때일수록 더욱 살뜰하옵신 님이십니다.

찌그러진 나의 모습이 몹시 안타까워, 억지로 눈감아 아끼시는 그이가 아니오라 미워졌던 나 그를 말미암아 다시 고

---

4 매섭게 부는 바람.
5 어떤 일을 하려고 마음을 먹음. 또는 그 마음.

와지고 스러졌던 내 해골이라도 흔희용약欣喜踊躍[6] 할 수 있는 그이의 전능하신 자비이거늘 내 어찌 스스로의 모자람만을 탓하여 목쉰 소리나마 님께 바칠 노래를 주저하오리까.

'거룩하시다 거룩하시다'를 끝없이 천사들은 읊조리고, 오직 님의 자비만을 영원토록 노래함이 나의 지복이어야 할 저 나라에 들기까지 이승의 갈피리는 어느제나 아름다운 가락을 들려줄는지 모를 일입니다.

그러나 피리는 피리대로의 님이 마련해 주신 테두리 안에서 목청이 가장 맑을 수 있도록 가다듬어 나아갈 것입니다.

---

6 매우 기뻐하며 좋아서 뜀.

밤

밤

태양이 가도 아쉬움은 없어라

밤이 신비로운 나래를 펴면
성체등처럼 환히 밝아 오는 마음 있나니
이러한 때
도시[7] 밤은 어둠일 수 없음을

항시 모시는 님이어도
깊은 한밤에
별들이 횃불을 켜 든 저 맑은 나라
살포시 은하를 건너오시는
그이시기에
십자가처럼
내 영혼도 가난하여야 되는 법이다

그윽한 까따꼼바![8]
속삭임조차 번거로워 다만

---

7 도무지, 아무리 해도.
8 카타콤.

님의 가슴에 기대어 그 뛰는 고동을 들노라면

나는
님을 위하여 녹는 초 한 자루
이러한 때
도시 밤은 어둠일 수 없음을

죄악마저 노곤히 잠이 든 밤
님의 불붙는 입김만이
나를 번제로 태우시나니

아 — 그 어느 힘이 있어
나의 품속의 님을 앗아갈 것이뇨

영원한 새벽이 오기까지
님과 나 하나 되어
향연의 신비는 무르녹으리니

이러한 때
도시 밤은 어둠일 수 없음을

야흐웨의 영광

도시 없다가 있는 것이어도
없음을 말미암아 있지 않나니
있는 모든 것이란
야흐웨[9]의 것 아님이 없어
차돌 한 덩이 그 이마에서
억만년
님의 손길을 느낄 수 있다
길섶[10]에 핀
오랑캐꽃조차
아련히 님의 그림자를
한쪽 지니고
참새에게 쫓기운
흰 나비의 가슴패기에도
팔락어리는 님의 생명

원수라도
실로 이웃할 수 있음이

---

9 야훼.
10 길의 가장자리. 흔히 풀이 나 있는 곳을 가리킨다.

님의 모습을 닮은 탓이어니

마크로 코스모스[11]
미크로 코스모스[12]

온 누리여 노래하자
마음과 소리를 한데 뭉쳐
우리 —
야흐웨의 영광을 노래하자

---

11 자아를 소우주라 부르는 데 대하여, 실제의 우주를 이르는 말.
12 우주의 일부이면서도 그 자체가 하나의 독립된 우주로 여겨지는 것. 특히 인간 또는 인간의 정신을 이른다.

성모의 밤

플로라[13] 풀로랄리아…
진종일을 두고

질탕히 부퍼 오른 오월의 꽃제(祭)에
나른한 청춘이
이 - 브처럼 부끄럽습니다
저녁 바람에 흔들리는 풀잎새보다도
몇 갑절 나약한 '생각하는 갈대'

어여쁜 사탄의 속삭임에
전지(全知)[14]로운 임자가 되고파
죽음을 따 먹은 짐승이올시다
하늘 닿도록 바벨탑을 쌓아
전능의 팔을 막으려 한 인간 ―
우리는 그 피를 받은 슬픈 후예랍니다

---

13   플로라. 고대 이탈리아의 꽃의 여신. 로마에서는 이 여신에게 바쳐진 축제 '플로랄리아'가 4월 28일부터 5월 1일 사이 화려하게 행해졌다.
14   사물과 현상의 모든 것을 다 앎.

꾀꼬리 보금자리에 들고
별들은 하늘에서 저리도 반짝이는데
밤… 네스또리오의 밤…
엄마 없으신 가슴이 끝없이 설도소이다[15]
몇 번이고 돌팔매를 얻어맞고
달게 쓰러져야 했을 쑥스러운 이 몸이
이렇게라도 흐느껴 울 수 있는
막달레나의 영광을 지니기는
그 오직
한 분 엄마를 모시었음이어니
죄악·가시 마냥 돋아나는 이 밤에
애타게 더욱 그리워지는
한 포기 현묘한 매괴玫瑰[16]시여
엄마 마마
여기 휘황히 에페소의 등불을 다시 밝혀
촛불 함께 아베 마리아 타오르나니
주검같이 얼어 버린 가슴에

---

15 섧다. 원통하고 슬프다.
16 장미꽃이라는 뜻. 가톨릭에서는 '로사리오', 즉 묵주의 뜻으로 사용해 왔다.

생명을 불 켜 주소서
포탄 뚫고 지나간
마음과 마음 안에
평화! 오오
그리스도의 평화를 심어 주소서

촛불

고향이 꽃이었어도
꿀 아닌 찌꺼기였노라

열탕의 세례를 거쳐 비로소
해 앞에 희어진 몸
빛을 품어 안고
마돈나 —
성전에 드옵시는 성모취결례[17] 날!

내 이미 한 희생 되어
님의 제단에 올랐거니

영혼아
저 빛을 빌어
뜨거이 심지를 밝혀라

한숨은 다만 그윽하고

---

17 모세의 법에 따라 예수의 부모가 아기 예수를 성전에 바친 사실을 기념하는 축일. 현재는 주님 봉헌 축일로 지낸다.

참회는 오직 눈물로 녹을지니

실존의 향화香火[18] ―
이 한 몸 고스란히
빛의 도가니에 던지는 날

고요히 ― 나는
시메온의 노래와 함께
잠잠히 꺼져 가리라

---

18 향을 태우는 불.

두메꽃

외딸고[19] 높은 산 골짜구니[20]에
살고 싶어라
한 송이 꽃으로 살고 싶어라

벌 나비 그림자 비치지 않는

---

19 다른 곳과 동떨어져 홀로 있는.
20 '골짜기'의 방언.

첩첩 산중에
값없는[21] 꽃으로 살고 싶어라

해님만 내 님만 보신다면야
평생 이대로
숨어서 숨어서 피고 싶어라

---

21 물건 따위가 너무 흔하여 가치가 별로 없다.

침묵의 성자

'비롯음[22]에 계시는 말씀'이
아들 되어 주시니
말이 새삼 긴할 리 없다

평생 동정의 배필이시니
귓속말조차 오히려 부질없다
예수를 기르신 아비
동정 성모를 조촐히 지키신 자여

복되다 성 요셉은
진주를 간직한 깊은 해심(海心)
값진 향유를 고이 담은 옥합이어라

밤을 타 아기와 아내를 태우고
멀리 에짚또[23]의 이방인이 되어도
손발이 늙도록 목수와 농부 되어
거룩한 집안에 몸을 다하여도

---

22 태초. 한처음.
23 이집트.

요셉은 성조聖祖의 빛
그는 한낱 별이어라
해님과 달님 앞에 수그러운 별이어라

만군을 호령하는 체사르[24]
대로마 제국의 임금이 누구이드뇨
세 식구 '이랴 좌라' 씨 뿌리고 거두며
밤이면 작은 천국이 꽃을 피우는
나자렛의 가정!
행복이여 그 이름은 오직
고요한 화평일러라

극한 사랑에 몸이 겨워
열매를 위하여 져야 하는 꽃과 같이
마리아와 의젓한 아드님의 그윽한 호흡 속에
드디어 성 요셉은 눈을 감다

---

24 카이사르.

천사의 아뢰움에 두 손을 모으시던
그 옛날 성모 마리아의 합장合掌과도 같이

삼천 기도

— 옛날이었다
꿈보다 희미한 옛날이었다

참새 보금자리에
안식이 달던 새벽
쌍촛불 가물거리는 한가운데⋯ 향로 드리우고
십자가 오뚝이 앞을 서 나아가며
하늘 우러러
젖과 꿀을 비는 합창
새벽이슬을 밟던 리따니아![25] 리따니아!

옛날이었다 그것은 진정
꿈보다 희미한 옛날이었다

적화赤禍 3년
내 고이 자라던 집이
원수 오랑캐의 굴이 된 사이

---

25 사제 또는 성가대 등이 짧은 내용으로 간구하거나 선창하면, 신자들이 응답하는 기도 형식.

어머니는
병 아닌 근심에 돌아가시고
조카는 육리六里 싸움터에
슬픈 제물이 되어 버려…
마을 마을마다
온 겨레의 울음소리
하늘에 사무치는 애달픔이여

여느 때까지 씻어야 할 빌미 빌미이기에
다시 한 해가 또 서러울 것이뇨

아 —

"염병과 흉년과 난리에서 우리를 구하소서"

제물

제물

— 앓는 시스터에게 —

마이싱[26] 향기가 스미인
하이얀 벽에
십자가 하나 —
파들거리며 가냘픈 세계가
골고타의 피를 흘린다
검은 상복에 청춘을 묻고
오로지 님을 숨쉬며 살던 생물
봉오리인 채 고스란히 받드는 헌신이
바스라져 보람진 제물이어라

더 큰 괴임[27]과 섬김이 소원이었기
어느 공간에 갇히일 몸이 아니었다
원자보다 작기를 빌었었기에
나마저 녹일 수 있는 사랑 도가니
'죽기 아니면 견디옵기를'

---

26 마이신. 항생제를 부르는 말로, 결핵 치료에 이용하는 '스트렙토마이신'에서 유래되었다.
27 특별히 귀여워하고 사랑함.

팔 벌리고 입 맞추시려
님은 기두리시나니
피와 물 새솟는 그의 가슴속
― 심연에 잠기어

아아
'죽기 아니면 진정 견디옵기를'

돌아와서 1
— 다시 촛불을 밝히고 —

붉은 깃발이 나부끼던 날
안젤루스[28]의 종소리 끊어지고
성체등 거룩한 불이 꺼진 제단
원수의 발아래 짓밟혔더니라

따발총부리에 쫓겨 나가던 날
가랑비 보슬보슬 내리던 저녁
돌아보며 돌아보며 발길 돌릴 때
성당은 눈물에 잠겼더니라

몇 번 임자가 갈아 든 폐허에
다시 촛불 드높이 밝히고
덩두렷이[29] 모시어 올리는
오호 성체 성체시여
기쁨은 끝을 넘어 되려 서러운 합창
향연 올라올라 하늘까지 피어라

---

28 '삼종 기도'를 다르게 이르는 말.
29 매우 덩실하고 두렷하게.

마음아 세라핌의 나래를 타고
시성詩聖 다빈[30]의 거문고를 뜯자

"Laudate Dominum omnes gentes,
Laudate eum omnes populi
Quoniam confirmata est super nos Misericordia ejus
et veritas Domini manet in aeternum"[31]

— 환도還都 후 처음으로 성신대학 성당에서
성체 강복식이 거행되는 저녁에

30　다윗.
31　시편 117편. "뭇 나라 백성들아, 주님을 찬미하라. 온 세상 사람들아, 주님을 찬미하라. 주님 사랑 우리 위에 꿋꿋하셔라, 주님의 진실하심 영원하셔라."(최민순 역, 《시편과 아가》)

돌아와서 2
— 루르드의 성모상 —

담장이 휘휘 칭칭 어지러히 서려 있고
전나무 느티나무만 검도록 푸릅니다
아베·마리아 사라졌던 머언 세월에
외오[32] 이 동산 지키신 마돈나여
포성砲聲 섞어 치던 싸움터
꾀꼬리 귀뚜리도 아니 살던 곳
어머니여 입때 서 계셨나이까
들장미 백합을 홀로 피우시며…

가인[33]의 후예 도성을 피 칠하고
성상을 모독하던 호진胡塵[34] 삼 년!
어머니여
그 바래인 흰 옷 파아란 띠에 두 눈 흐려집니다
다 잃어버린 오직 묵주 하나 지닌 몸이
다 없어진 오직 너 하나 계옵시는 폐허

---

32 '외우'의 옛말. 외따로 떨어져 또는 한 시점이나 지점에서 시간이나 거리가 몹시 떨어져 있는 상태.
33 카인.
34 북방의 사막에서 일어나는 누런 먼지 또는 오랑캐의 병마에 의하여 일어나는 흙먼지를 의미함.

여기 너 거룩하신 앞에 꿇어 있노니

뭇 겨레 너로 하여 살 수 있는 오오 동정 성모여
실로 세기가 이토록 슬퍼 마땅하기는
너를 거스려
노라와 뷔너스[35]를 섬긴 탓이오라
자비의 어머니여 은혜로운 팔을 드리우소서
충천冲天[36]하는 소돔의 불길이 이내 멎으오리다

반역의 세대
화육化肉[37]하신 로고스를 믿어
한 소리 너를 외오쳐
'동정 성모'를 높이 부르는 날
만백성 네 이름 아래 평화를 노래하리다

---

35 뷔너스.
36 하늘 높이 오름.
37 육화.

신비로운 장미

— 성모 성년에 바치는 노래 —

일찍이 어느 세대도
벼르지 못한
오억 인의 축전!

하늘보다 푸르른 기旗폭들이
드세인 파도치고
억만의 촛불과
꽃다발 함께 피어나는 별덩이 위에
파아란 역사가 아로새겨지는
성모 성년

'아베·마리아 아베·마리아'
지축地軸[38]을 흔드는 소리 겹겹이
마돈나를 싸 에우며 또 에우나니
빵과 자유에 목마른 탓뿐이 아니어라
구름 너머 앗기운[39] 땅을
피 젖게 외침만이 결단코 아니어라

---

38 대지의 중심.
39 빼앗기거나 가로채인.

믿고 살아야 할 그 누구도 없이
끊어진 조국의 허리
까마귀 우짖는 폐허에 온갖 가치가 거꾸로 서고…
이글이글 불붙는 죽음의 태양이
갈라진 세계의 위선緯線을 쏘아 보는 이십 세기의 정오
그늘진 땅
아담이 눈물 뿌리고 떠나간 지역에
하늘 찌르도록 길차게[40] 엉클어진 가시덤불
이제 막 온 누리가
저주의 숲 되어 타 버릴 찰나에
아하아 만백성 우러러 보는
'원죄 없으신 동정 성모'여

아베 · 마리아
한 송이 신비로운 장미
그 홀로 오늘 우리의 영광이시니
성총 가득히 입으셨기에
하늘에 올림을 받으신 엄마

---

40 아주 알차게 길게 또는 나무가 우거져 깊숙하게.

엄마 마마여

반역하는 사탄의 머리를 짓찧어 주소서

이제와 우리 죽을 때

우리 죄인을 위하여 빌으소서

포연砲煙 사라진 자리

외오 등지고 헤어졌던 겨레들 얼굴 다시 맞대이고

총 칼 부수어 낫과 보습 베리며[41]

어깨 나란히 구슬땀 빛내는 날

십자가의 피 흥건히 고인 땅에

사랑의 열음 열게 하소서

아베 · 마리아

안젤루스의 종소리 여흘여흘[42]

엄마의 그 보드라운 치마폭인 양

사르르 주름 잡는 지평선마다

평화의 찬가 드높게 하소서

---

41 '벼리며'의 방언.
42 강이나 개울의 물살이 빠르게 촬촬 흐르는 모양.

아득한 남극에서 북극에까지
우렁찬 그 합창 벅차게 하소서

아베 · 마리아 아베 · 마리아

겨울나무

그렇듯 무성히 내 젖꼭지에 매달리어
파르라니 생명을 나붓거리던[43] 잎새들이
훌훌히 이단자마냥 떠나가 버렸다

행복인 양 녹음을 즐기던 족속이
나의 그림자마저 죄이런 듯 사위하는 계절
팔을 벌리운 채 난 또 하나의 십자가로라
내사 차라리 활활 벗고야 짜정[44] 오붓하구나
목숨 안으로 스며스며 거세게 용솟음치나니
터질 듯 뛰노는 나의 심장!
님만이 아시는 비밀을 그는 지녔다

이젠 나 땅의 그 누구와도 벗하지 않으리니
항시 저 푸른 하늘 별들과 다못[45] 살고파
겨우내 눈 비 맞으며 이렇듯 서 있노라

---

43 얇은 천이나 종이 따위가 자꾸 나부끼어 흔들리는.
44 짜장. 과연 정말로.
45 '다만'의 방언.

앎과 믿음과

꽃과 별 심어 놓고
님은 저만치 숨으셨다

스르르 한 잎 주렴珠簾[46]이 드리운 채
님과 나 사이는 끝없이 멀구나

그의 모습이 그리워질수록
올빼미 눈을 닮은 나의 영혼

그의 입김이 나를 짐짓 살리시기에
믿음은 매양 앎보다 든든하다

눈이 없어도 빛을 오직 믿는 마음
해바라기처럼 나는 움을 틔우고

영원히 꽃피우기를 기두리는 소망
어느 삭풍朔風[47]에도 피로할 수 없다

---

46 구슬 따위를 꿰어 만든 발.
47 겨울철에 북쪽에서 불어오는 찬 바람.

주렴 활짝 걷히우고
내가 비로소 시간을 넘어서는 날

나는 님 안에 나를 보고 즐겨하리라
님은 나 안에 님을 보고 좋아하리라

추야장

창 너머 한 그루 미루나무
달빛이 하 맑아
더욱 서러워지는 애달픔인 것을

아득히 기러기 울음소리는
몇 잎 그 잎새 떨구며
서리 찬 하늘을 떠나갔느뇨

어깨 으서지는 듯
팔다리 들쑤시고

짤짤[48] 달아오르는 신열身熱[49]에

---

48 온도가 매우 높아 더운 모양.
49 병으로 인하여 오르는 몸의 열.

뼈끝 마디마디 시려 오는 밤을
혼자서 —
다만 새워야 하는 이 밤이야
추야장秋夜長[50] 추야장 길기도 하여라

....

눈 먼 딸이라도……

이불 섶 여미어 주고
주무르는 손길을 아쉬워하며
타도록 마른 입시울이
쓴 웃음을 지운다

그 얼마나 사랑하던 고독이드뇨

내 언제고 이 밤처럼
매양 안으로 쇠를 건 연옥의
캄캄한 어둠 속에 임종이 호젓하리니

---

50 기나긴 가을밤을 뜻하는 말.

싸늘히 누워 있을 몸
십자가를 이루어 줄 아침
감실 안 호스찌아[51]를
처음 닮아 보리라

그날 밤 너
벽에 시들은 빨마야
다음 성회례[52]를 잊어도 좋으리니
별들의 합창
새로운 호산나를 읊조릴 즈음

나 — 다시 푸르러진 가지
너를 들고 은하수 건너서
님을 뵈러 가리라

---

51 호스티아. 미사 때(성체 축성을 위해) 쓰는 빵.
52 전 해에 사용한 성지聖枝를 태운 재를 축성하는 의식. '재의 수요일'에 사제
    가 이 재를 축성하여 신자의 이마에 바른다.

가거라
— 북벌 가는 조카 병창에게 —

영하 이십 도!
이 밤이 새면 북으로 떠나리라 찾아온 너

얇은 계의戒衣를 어루만지며
나는
입시울 깨미노라

지난 겨울 아버지를 여읜 뒤
고향엔
칠순 넘은 할머니
맏손자 너를 믿고 살으시더니

외로운 어머니며 정든 동생을 모두 떼어 버리고
급기야 너는
일어섰구나 달려왔구나

그렇다!
오오래 침묵한 조국의 땅에
새로운 역사의 바퀴는 움직이었다
인류 평화와 자유를 위하여

십자군의 총진격은 시작되었다
보라 우리의 선지피 노리던 검은 날개가
하늘을 거슬러 가리운 지 몇 해이었느뇨
양¥을 가장한 시랑이[53]의 떼울음에
얼마나 가슴 조린 우리였더뇨

오냐 가거라 이제야 때는 왔다
너… 장군 최영의 피를 받은
대한의 씩씩한 화랑이어니
시퍼렇게 불붙는 그 심장 앞에
얼음장 성벽이 무어겠느냐
옆구리에 우는 바요넷[54] 뽑아 들고
무찌르려마 무찌르려마
사탄의 대열을 무찌르려마

오랑캐 피로 더러인 네 칼을
두만강 맑은 물에 씻어 차고

---

53 승냥이와 이리.
54 총검. 소총의 총신 끝에 부착하여 백병전에 사용하도록 만들어진 칼.

백두산 상상봉上上峰에 태극기 꽂거들랑
꿇어라 손을 모아 중세의 기사처럼
새하얀 눈 위에 고이고이 꿇어라

그리고 요운妖雲[55] 걷히운 하늘을 우러러
'평화의 임자'께 영광을 드려라
남북통일! 민족의 영광을…

---

55 불길한 낌새가 있는 구름.

참회

참회

당신에게만은
꺼져 가는 심지를 차마 못 꺼 하시는
오로지
당신에게만은
천 길 마음속 깊이
숨겨 둔 사악일지라도
올올이 풀어서 드려야 시원할 비밀이옵니다

앙증스러이
저를 자랑하는 어린 아기인 양

솔솔 부끄럼을 들추어
신부님의 귓속에 다져 넣느라면
살모사처럼 여태 서리었던 독스런 기운 말끔히
영혼에서 녹아내리고
다함없이 흐르는 눈물
넋을 세례하는 요르단 되옵나니

바수어져 도로 성하고
흐느껴 오롯이 기꺼운 파라독스

다만 머리 숙여지을 뿐인
당신 자비의 현의玄義[56]올시다
날을 듯 천사의 가벼운 날개 달고
다시 하늘을 우러러 보는 마음

내 이제 어느 땅 끝에서 띠를 얽고
삶이 두더지처럼 고달픈 것이어도
돌아갈 날 반드시 있을
희망이 오직 푸르기에
긴 세월 밤을 씹으며
알찬 연륜을 쌓으리라

---

56 깊고 미묘한 뜻.

눈썹 하나 깜짝 않으리라

"이론 투쟁의 시기는 가고 행동의 시대는 왔다."(비오 12세 교황)

이제라도… 어느 폭군의 말굽[57]이
바티칸 국경을 짓밟는다 하자
과학의 창조신 원자탄이
산・삐에뜨로 대성전[58]을 재 가루로 날려 버린다 하자
그래서… 제단 위엔 사신邪神이 도사려 앉고
거장 미켈・안젤로, 라파엘[59]의 예술이
당장 띠벨강[60] 물의 거품이 된다 하자
우리는 눈썹 하나 깜짝 않으리라

그리스도의 대리자가
꽁꽁 오랏줄에 묶이어
퐁땐・불로—[61]의 역사를 되풀이하고
숱한 사도의 족속들이

57　말굽.
58　성 베드로 대성전.
59　미켈란젤로, 라파엘로.
60　테베레 강.
61　프랑스 퐁텐블로. 나폴레옹이 비오 7세 교황을 납치하여 감금한 곳.

죽음의 섬 살디니아[62]로 유형[63]되고
삼천 만 검은 성직의 무리
시베리아의 고드름이 된다 하자
우리는 눈썹 하나 깜짝 않으리라

사억 오천 만!
그 손에 칼 한 자루 없어도
찬란한 피의 유업遺業을 지닌 겨레이로라
아득한 옛날에…
우리 집은 까따꼼바[64]
꼴리세움[65]은 우리의 싸움터
영원한 샘처럼 용솟음치는 피 피 우리의 피에
아프리까[66] 사자와 호랑이 떼
슬카장[67] 배불러 쓰러지고 말았나니

---

62 사르데냐 섬. 이탈리아 반도 서쪽 해상에 있는 지중해 제2의 섬.
63 죄인을 귀양 보내던 형벌.
64 카타콤.
65 콜로세움.
66 아프리카.
67 실컷. 한껏.

짤리울수록 되살아나는 육체
육체의 산더미 앞에
로마 삼백 년! 휘광이[68]의 서슬 푸른 칼날이
한낱 쇠붙이로 무들어지고 말았나니
칼을 부리던 뭇 나라
차례차례로 낡아 가도
이천 년 굳건한 연륜을 진한
피의 신경信經이 이룩하였노라

오늘은 어제 안에 내일은 또 오늘 안에 사는
우리이거니
자아 올 테면 오라
어둠의 힘이여 유다스[69]의 종낙[70]이여
북극 흰 곰이여
양가죽을 둘러쓴 이리 떼여

---

68 천주교에서 '망나니'를 일컫던 말.
69 유다.
70 같은 종족끼리 모여 사는 곳.

여기 — 텔라마코스[71] 없는 사장沙場에
지순至純[72]한 무리 사억 오천 만
눈썹 하나 깜짝 않고 서서 있노라
눈썹 하나 깜짝 않고 서서 있노라

---

71 텔레마코스. 문학《오디세이아》에 나오는 오디세우스의 아들.
72 더할 수 없이 순결.

님 없는 삶

온 세상이 나를 받들어
영롱한 면류관 씌워 주고
내 영광은 태양같이 땅 끝을 적시어도
님이여
그대 없는 삶은 섧도소이다[73]
있는 것밖에는 아무것도 없이
사철 푸르른 에덴동산에

뭇 별의 비밀을 꿰뚫어 보는
파라다이스의 지성知性

아플 수도 죽을 수도 없는
내 청춘이
꽃보다 아리따울 이 – 브를 영원히 품는대도
님이여
그대 없는 삶은 섧도소이다

---

73 원통하고 슬프다. 서럽다.

없는 것밖에는 무엇도 있지 않는
그러한 가난 속에서일지라도
온갖 죄악과 고통이 어울려
죽음을 합주하는 골고타일지라도
거기 —
진실로 님만 계시오면
그는 나의 나자렛
꽃 피는 동산

오오 님이여
그대 없는 삶은 죽음이옵니다

성체 거동

없다 없다
하늘을 찌르는 박쿠스[74]의 가락도
땅을 흔드는 사뚤누스[75]의 탈춤도

피를 머금은 깃발의 파도
살기 띤 플랑카 - 드[76]도
전혀 없다

촛불 촛불
촛불
극성스레 유월의 태양을 사르는데
높낮이 경건스러운 노래 속을
무거이 걸어오시는
또 하나 다른 태양
함빡 피었던 오색 패래솔[77]

---

74 바쿠스. 로마 신화에 나오는 술의 신. 그리스 신화의 디오니소스와 동일시.
75 사투르누스. 로마 신화에 나오는 농업의 신. 그리스 신화의 크로노스와 동일시.
76 플래카드.
77 파라솔.

금시 송이 송이 움츠러들고

뷔 - 너쓰[78]를 시새우던 이 - 브들이
마돈나의 너울 속에 수줍다

옷보다 흰 마음을 지닌 어린 천사들 손들어
성체께 꽃 뿌리고
항시 쳐들었던 뭇 사나이의 정수리
꿇리운다 잔조로이[79] 맨땅에 꿇리운다
세모시 두루마기 자락과 함께

가슴마다 북받치는 정열을 여민 채로
고요히 뒤를 잇는 행렬 행렬
이냥[80] 빨마가지 들리워 새남터
저 피 묻은 새남터로 가고파…
거기 우리 다 함께 부서지고 싶어라

---

78 비너스.
79 움직이는 모양새가 작아 잔잔한 느낌이 있는.
80 이러한 모습으로 줄곧.

한 소리 크게 웨치고[81] 부서지고 싶어라

슬프게 화려한
천구백오십 '성년'
성체 거동 이 날이여

---
[81] 외치고.

향수
― 세기의 아들의 ―

"내 아버지의 집에는 어떻게 많은 품군들이 음식이 풍족하거늘 나는 여기서 굶어 죽게 되었도다"(루카 15,17)[82]

파아란 하늘이
외우 높아 가기에
나는 그만
술집이 싫증났다
님도 서울도 미워졌다
'Leben ist Leiden'[83]

마음 ―
화살에 사뭇 꿰뚫리어
끝없이 밑 빠진 이 마음아
차라리 불타[84] 되어
열반숙정[85]이나 깨쳤더면…

---

82 성경에는 "내 아버지의 그 많은 품팔이꾼들은 먹을 것이 남아도는데, 나는 여기에서 굶어 죽는구나."
83 "삶은 고통이다."
84 부처님.
85 고통이 소멸한 열반의 경지에서 고요함과 마음의 평안을 얻을 수 있음.

'Leben ist Leiden'

피리나 불까이나
쇼펜하우어인 양
피리나 불며 살까이나
Weltschmerz[86]

캬바레 한 모퉁이
파이프 연기 속에 문득
피어오르는 과거의 얼굴 얼굴
마르틴 · 루터
쟌 · 작끄 · 루쏘오[87]
임마누엘 · 칸트
카알 · 맑스[88]와 레에닝[89]

---

86 번역하면 '세계의 고통'. 독일의 소설가인 장 파울 리히터가 만든 용어. 물리적 현실이 결코 마음의 요구를 충족시킬 수 없다는 것을 이해하는 사람이 경험한 느낌을 나타냄.
87 장 자크 루소.
88 카를 마르크스.
89 레닌.

그렇다 나는
자연에 안기우고파
이끼 낀 수도원 담장을
박차고 나섰더니라

몹시 카트리네[90]가 어여뻐
헌 신짝처럼
쿠쿨라[91]를 팽개쳤더니라
온갖 전통과 권위를
때려 부순 Protest 위에

붉은 천국을 세우렸더니라
오직 잃어 버린 영예만이
이렇듯 남아 있어
나마저 잃어 버린
가난뿐인 나
지푸라기에 기대어 싶도록

---

90 카타리나 폰 보라. 마르틴 루터와 결혼한 수녀.
91 (외투나 망토에 달린) 두건, 고깔.

안타까운 외로움이여

이제 진실로
부끄러울 줄 몰라
도루 그리워지는
버리고 온 우리 집 —

타도록 마른 입시울에
생명을 적시우는 그 이름
가톨릭이여

여태 알뜰하던
나 프랑켄슈타인에게
다시는
반역도 투쟁도
영웅스러울 수 없다

그 짓궂은 자유사상가 —
욕스러이 나를
신에게서 해방시켜 준

루치펠 사탄이
나의 애틋한 향수를
비웃을수록 흐뭇하다

이미 세기의 태양이 기울었거니
나는 호젓이
돌아가는 길 위에 서련다

겹겹이 구름은 덮였어도
나는 뉘우칠 미래가 없이
돌아가련다 돌아가련다
트인 하늘에 별빛을 따라
빠스카[92]의 신 끈을 들메이련다[93]

---

92 파스카.
93 신이 벗겨지지 않도록 신을 발에다 끈으로 동여매는 것.

SANCTA MATER ECCLESIA 거룩한 어머니이신 교회

열두 별 원광圓光[94] 이루어
머리 위에 찬란하고
칠색 어리운 태양을
함빡[95] 입으신 신부新婦여
보름달 디디고 서신 모양이
오롯이 정작 곱사외다

그의 존재는 머언 무시無時[96]로부터
야흐웨[97]의 뜻 속에 잉태되고
성신[98]이 날숨 불으시사
생명을 넣어 주시니
열려진 님의 심장 —
피와 물 흐르는 그 심장에서
새벽빛인 양
솟아오르신 너

---

94 둥글게 빛나는 빛.
95 분량이 최고로 남도록 넉넉하게.
96 일정한 때가 없음.
97 야훼.
98 성령.

또 하나 다른 에봐[99]여
그리스도의 한 몸이시여

성좌星座[100]처럼 무성한
그리스당[101]을 낳으시기에
이천 년 기인 산고가 이어져도
언제나 새로워지는 영원한 그의 젊음
항시 포근한 그의 젖가슴은
고달픈 창생을 안기에 가으멸고
찰찰 넘도록
부풀어 오른 유방
오오
그를 마시는 자
목마를 줄을 몰라라
억천億千 세계가 뒤바뀌어도
한 마디 그의 말이야 그르칠 수 없어

---

99 에바. 하와의 고대 그리스어 · 라틴어식 표기.
100 별자리.
101 그리스도교 신자를 가리키는 옛말.

'토마스', '아우구스띤'[102]의 지성을
가으마는 영채로운 눈동자
살며시 두 손 모으면
천지가 입 맞추고
팔 벌려 끌어안으면
사해四海가 한 핏줄에 엉키운 겨레
그러기에 교회여
거룩한 어머니여
물과 성신으로 다시 난 우리
이 눈부신 영광에
영광에 사나니
진실로 어머니 아니시면
아빠를 몰랐을 주저呪咀[103]의 살덩어리
이렇듯 황홀할
엄마를 받들기에
다시는 하늘 아래
어느 섬겨야 할 이름이 없나니

---

102 아우구스티노.
103 저주.

그의 앞에는
나일과 유프라떼스[104]의 왕국도
일찍 오물어진 나팔꽃
휘황턴 그레시아 그 예지마저
한낱 가물거리는 호롱불!
내 차라리 두 눈을 뽑히우도록 아픈 제사의 엄명을
받자와도
어머니는 나의 믿음직한 촉각觸角이시기 그 아닌
어느 천사의
신학에도 기울일 수 없는 귀를 나는 지녔다

온통 반신反神의 웅변을 위하여 생겨난 저 뿌따구니[105] 열 낱
 돋치고 일곱 대가리마다 관이 씌워진 그리고 그 꼬리는
하늘의 삼 분의 일 별들을 땅에 동당이 친
저 시뻘건 미르[106]의 아가리가 아무리 큰 강물을 내뿜어
휩쓸지라도

---

104 유프라테스.
105 뿌다구니. 물건에서 삐쭉 내민 부분.
106 '용'의 옛말.

그리하여

온갖 증오와 탐학貪虐[107]과 살육이 반역의 세찬 파랑[108]을
　　일으키어도

아하하

어머니는 잠길 수 없으신 '베드루[109]의 배'!

이미 산상에 오뚝하신 예루살렘!

"지옥문이 그를 쳐 이길 수 없으리라"

어머니여 보시옵소서

저 유황의 불비 내리는

소돔과 고몰하[110]를…

저들의 부끄러운 나라가

죽은 바다[사해]로 꺼지려 하나이다

너 홀로 그리스도의 신부시오

우리의 어머니시오라

107　탐욕이 많고 포학함.
108　잔물결과 큰 물결.
109　베드로.
110　고모라.

너를 잃었삽기에
언니와 아버지를 잃은 무리
절망과 비참이
지옥의 곡을 탄식하는 암흑에 헤매노니
오소서
신부이신 어머니여
오직 너와 더불어 오실 수 있으신
언니와 아버지인 까닭입니다

파르란 가지 물고 흰 비둘기 앞서 온 다음
어머니가 언약의 무지개 아래서
그 넓은 가톨릭 팔을 벌리시면
슬픈 족속은
그 안으로 모이리다
성삼위의 향기 훈훈히
피어나는 네 젖가슴 파고들어
거기 행복이 있으리다
끝없을 안식이 있으리이다

최민순 신부
시집

밤

머리말

야흐웨[111] 하느님의 법궤가 성도 예루살렘으로 들어올 적에 임금 다윗이 자기의 몸을 드러내고 야흐웨 앞에서 뛰놀며 춤을 추었습니다.
사울의 딸 미콜[112]이 그 거동을 창으로 내다보다가 드디어 그를 업신여겼다는 얘기가 있습니다.

살아갈수록 역겹고 처절한 나의 인생 역정 — 먼지 일고 숨막히는 나그넷길에서 애오라지[113] 삶의 보람을 느끼는 순간들이 있다면 찢어지고 더럽혀는졌을 망정 내 마음을 님의 앞에 드러내는 틈틈이라 하겠습니다.
본디 너절한 가슴인 것을 남들이 비웃는다고 한들 어찌 꺼

---

111 야훼.
112 미칼.
113 '오로지'를 강조하여 이르는 말.

릴 바 되리까마는 님은 가엾음이 있는 곳에 가엾이 여김이 신지라, 더러움이 진할수록 깨끗함을 더 그리워하고 어둠이 짙을수록 빛을 바라는 마음의 애절함이사 어쩔 수 없는 노릇이 아니오리까.

여기 그 빛과 맑음을 아쉬워하는 영혼이 비웃음거리로 드러난 것이 바로 나의 시라는 것들입니다.

더욱이 누리를 들어서 얻어 볼 수 없는 두 분 신비가의 시를 옮김에 이르러서는 스스로 헤아려도 무엄하기 짝이 없는 어릿광대 놀음이 아닐 수 없습니다.

거의가 즉흥시로 그다지 예술품이 못 된다는 대 데레사의 것은 차치하고라도 석학 메넨데스 펠라요Menéndez Pelayo가 한림원翰林院[114]에서 "하느님의 신이 거쳐 가신 천사의 시"라고

---

114 스페인 왕립 학술원.

일컫던 십자가 요한의 시야말로 맑고 거룩한 뜻이 신운神韻[115]에 얹혀 울려 나오는 것이어늘 무딘 붓 세례받지 못한 말들로써 어찌 시늉인들 낼 수 있으리까.

다시 한 번 '나'와 '나의 것'의 모자람을 님 앞에 드러내고 어릿광대로 뛰놀며 춤을 출 따름입니다.

---

115 고상하고 신비스러운 운치.

창작 시편

님이 나신 밤

우러러 님의 고우심을 뵈올
눈망울이 멀었습니다
고막은 끊어져 영영
당신의 목소리 울려 오지 않고
한 마디 당신의 이름을 발음할
혀마저 굳어져 있었습니다
내 일찍이 에덴에서
님을 알고 사랑턴
그 얼도 마음도 아주 가시었댔습니다
피투성이로
예리코에 누워 있던 몸
길 가던 제관 하나가 내려다보고
그냥 지나갔습니다
가까이 와서 말끄럼이 나를 보던
레뷔[116]도 그냥 지나갔습니다
헬라스[117]의 철인哲人도 환도 찬
로마인도 다 그냥 지나갔습니다

---

116 레위인.
117 그리스.

아아
이에 천주성자 강생하사
사람 되시니 사람이 되시니
사마리아의 고마운 사람 되사
기름과 술로 내 상처 발라 주시니
구유에 누우신 아기의 입김에
내 숨결 다시 돌아오고
붉으신 그 성심의 용솟음에
핏줄마다 새 목숨 나 안에 흐르옵니다
원죄의 비늘 걷히운 눈으로
새파란 하늘 다시 들어오고
훤칠한 귀에 메아리하는
천사들의 노랫소리—
소리쳐 님 부르며
구유 곁에 꿇노라니
흐웍도[118] 하오셔라
날 보고자 삼기신 눈
초롱초롱 빛나시고

---

118 흡족하다. 윤택하다.

내 사랑 목말라 타옵시는
거룩한 입시울
날 위해 피에 젖으실 머리칼이
서슬 흰 칼날보다 더욱
이 가슴에 아리어옵니다
그 얼마나 비싸게 치뤄야 할
몸값이기에 채쭉[119] 밑에
알몸을 틀어다이시고
햇솜[120]인 양 쓸개를 마셔야 할
보드라운 살결이시니이까
도시 죄 지은 나 아니더면
나시지도 아니 하셨을 님
조촐한 제병이 되고자
빻아지기를 기다리는 밀알처럼
오직 아리따우신 목숨은 오직
찬란스러운 죽음을 위하심이어니
아 구유도 이미 또 하나의 제단!

---

119 채찍.
120 당해에 새로 난 솜.

막엄하신 사바옽[121]이시며도
강보에 싸여 아기로 누우신 로고스의
향화 바야흐로 오르시니
하늘엔 영광 땅에는 평화로소이다
사람이 되신 님을 말미암아
님 안에 나 길이 살 수 있음입니다

혈혈하옵시기에[122] 되려 내 마음의
임금이심을 알아 뵈옵는
오늘이사 어느 체살[123]도 부럽지 않은 날
황금과 유향과 밀하[124]를 지니지 못한 손이
아기 당신을 안아볼 수 있는 복스러움이
오로지 오로지 당신의 은혜로소이다
가난하기에 아쉬웁던 몸
차라리 텡 비도록 가난한 마음을
마련하고 싶어지옵기는

---

121 만군의 주님.
122 우뚝하게 외로이 서 있기에.
123 카이사르.
124 몰약.

그만치 당신이 차지하실 자리를
온통 드리고저 함이오니
님 하나시면
온 세상도 화사한 꼭뒤[125]
내 차라리 베틀레헴[126]의 헐벗은
목동이 될지언정 다시는
살로몬[127]을 새암[128]하지 않으리다
살으리이다 가난하고 싶은 영혼
성모님처럼 당신만을 껴안고
나 살으려노니
죽는 날까지 당신의 구유를
떠나지 말게 하소서
주여

---

125 뒤통수의 한가운데.
126 베들레헴.
127 솔로몬.
128 샘. 남의 처지나 물건을 탐내거나, 자기보다 나은 처지에 있는 사람이나 적수를 미워함 또는 그런 마음.

성탄송가

비둘기마냥 펄펄
눈꽃 흩날리우는 밤이옵니다
님맞이 가는 이스라엘의 색시마냥
초롱불 밝혀 들고
크리스마스 종소리에 귀를 세우는
마음이
사천 년 세월만치 대견하도소이다

나일 강 언저리의 파라오들의
그 영화 이미 미이라로 시들었고
아테나이[129]의 거리거리
철인의 등불이 꺼진 지 오래올시다

이슬을 바라듯 하늘 우러러
메시아를 목말라하던
구약의 석양이 저물었사오니
님이여 이 밤이사
당신이 오셔야 할 그 때가 아니옵니까

---

129 아테네.

어둠 속으로 더욱 깊이 로마가
가라앉는
밤은 무화과처럼 익어만 가고
이제 어느 화사로움도 저마다 저를
돋보일 수 없는 야밤중이오니

매화같이—
옛세[130]의 등걸에서
님이여 찬란히 피어 주소서

천사의 노래런듯 울리는 종소리
"이에 천주 강생하여 사람이 되사
우리 가운데 살으시도다"

하늘과 땅 하나로 엉키어
은실 금실로 영광과 평화를 짜내는
낮보다 눈부신 첫날밤이여

---

130 이사이. 다윗의 아버지.

가비라성[131] 아닌 작은 마을
베틀레헴[132]의 말구유에
아기로 태어나시는 님이시기에
에덴의 수풀 속에 웅크렸던 몸이
엠마누엘[133]을 소리쳐 부르며 일어설 수 있삽나니
더 없이 열려진 하늘에서
쏟히어 펑퍼지는
빛의 바다
빛의 바다

---

131 석가모니가 탄생한 국가.
132 베들레헴.
133 임마누엘.

휘황한 당신 빛 속을 달음질쳐
속속들이 수정알같이 맑아진
영혼 지니고
주여 얼싸안으렵니다
가난한 내 품 안에 당신을 안아 보렵니다

천주 아기 구유에 누워 계신 살뜰한 내 님이시여

섭리의 밤

"이에 (요셉이) 밤에 아기와 그 모친을 데리고 에짚트로 피하니라"
(마태 2,14)[134]

밤이면 밤마다
그날 밤 천사들의 노랫소리
아직도 귀에 메아리 하건만 —
꿈이었던가

동방의 별 스러진 하늘
칠흑같은 어둠 속으로 이제
어여쁜 천사들 빨려 들어가고
뛰놀던 그 목동들 모조리 빨려 들어가고
표독한 대왕 헤론[135]의 갈쿠리[136] 손이
베틀레헴[137] 위를 버티고 있는 밤

---

134 성경에는 "요셉은 일어나 밤에 아기와 그 어머니를 데리고 이집트로 가서……."
135 헤로데.
136 갈고리.
137 베들레헴.

비둘기 한 쌍을 주께 바치던 날
의인 시메온이 "이스라엘의 영광"을 받아 안고
"이 아기는 거슬리는 바탕, 장차 칼날이
네 마음을 찔러 사모치리라"더니
아 잠드신 아기 안에 전능마저 잠드신 밤
이리도 아득한 밤에 휩싸인 이방인의 빛이시여

칼을 든 아브라함의 떨리는 팔로
아기와 아내를 나귀 등에 모시고
가야 할 천릿길이 밤 속에 잠겼구나
가도 가도 끝없을 허허벌판
구름 기둥 불기둥이 신화처럼 먼
이야기 속에 가물거리는 모래 바다에
오직 희미한 것 캬라반의 발자취

푸른 가지를 휘어 서늘함을 이바지할 빨마 숲이 있지 않다
우르르 먼지 일으키며 달려와
네 무릎 꿇고 절할 어느 짐승도 없다

전능은 나귀 등에 다만 아기이실 뿐

모래알 눈부시게 타는 불볕 아래
꼬아리처럼 익어 가실 인자人子의 몸이로다
허위단심[138] 찾아갈 땅은 이랑진
모래 끝에 신기루마냥 아련한데
외로운 나그네의 쓸쓸한 그림자는
에짚또[139] 저 하늘 밑 그 어디에 깃들일런고

나일 강 흐르는 곳 옥토면 무엇하랴
이시스 오시리스 다신교의 나라에
예루살렘 그리운 세월이 정녕 구슬프리라
기약도 없는 길
언제나 다시 천사의 소리 있어
나자렛 고향에로 돌아올런고

아 섭리는 캄캄한 밤
헤아릴 수 없는 야흐웨[140]의 예지

---

138 허우적거리며 무척 애를 씀.
139 이집트.
140 야훼.

밝으심 그지없으시기에 되려 어두운 태양

내 쏘아 볼수록 더욱 깊어만 지는 밤을 눈에
지니고 어둠 속에 발목 적시며
님의 소리를 따라만 가다가
호젓이 죽음의 골짜기에 서서
뭇 화살 겨냥하는 과녁이 될지라도
님의 원하심이면 어디나 나의 고향

나귀야 어서 가자
사뿐사뿐 밤을 가자
잠드신 아가 안에 잠자는
전능 전지가
언제고 한번 크게 깨실 날이
반드시 오고야 말으리라

— 1957년 3월 대성大聖 요셉 날

역사

— 시조 —

1
모래알 너는 마멸된[141]
어느 별의 역사이냐
가없는[142] 하늘 아래
티끌 너를 주워 들고
억만년 또 억만년 앞을
눈 감고 헤어 본다

2
꽃도 한철 시간이 가면
곱던 것 미워지고
정자나무 아람[143] 아람에
죽음이 부풀어 가고
목숨은 이렇듯 가는 것
때를 타고 가는 것

---

141 갈려서 닳아 없어진.
142 끝이 없는.
143 밤이나 상수리 따위가 충분히 익어 저절로 떨어질 정도가 된 상태 또는 그런 열매.

3
오직 하나 비로삼[144] 없는
삶이 있어 골고타의 피
에덴의 강물처럼
누리를 적시우나니
목마른 사슴 내 영혼
마냥 거기 살련다

---

144 비롯음.

막달라 마리아

"가난한 자는 너희가 항상 얻어 보려니와 나는 항상 얻어 보지 못하리라. 이 부인이 내 몸에 향액을 바름은 나를 장사하기 위하여 함이니라"(마태 26,11-12)[145]

춤과 노래와 웃음으로
뭇 사나이 홀려 낸 간나이[146]
일곱 마귀가 매대기[147] 치는
산 바빌론 이 몸은
이름도 성도 없는
"마을의 죄녀"랍니다

걸레쪽같이 더러운
차라리 갈기갈기 찢어 없애고 싶도록
미웁던 육체가
어느 날 아침 모세의 율법 앞에 오직

---

145 성경에는 "사실 가난한 이들은 늘 너희 곁에 있지만, 나는 늘 너희 곁에 있지는 않을 것이다. 이 여자가 내 몸에 이 향유를 부은 것은 내 장례를 준비하려고 한 것이다."
146 '계집아이'의 방언.
147 정신을 잃고 아무렇게나 하는 몸짓.

죽음의 돌팔매를 기다리고 서 있을 때
주여! 그 지성至聖의 허리 굽히시고
이 가엾은 죄인을 살려 주신 분
하나밖에 없으신 당신이었습니다

처음부터 당신으로 채워져야 할
마음의 공간이었던 것을
밤에만 꽃을 피우던 나의
젊음은 내음도 빛깔도 가시인
쓰다 남은 목숨
가실 날 머잖으신 마지막인 당신을
이렇듯 가난한 뒤에 받든다 하옴이
진정 가슴에 남는 절통함입니다

심연은 심연을 부르고
죄악 넘치는 곳에 성총 또한 넘치는 것이라기
베타니아의 오후의 그림자는 오로지
당신을 얻고자 나아왔사오니
주여! 여기 함께 머무소서
해가 이미 기울었나이다

감히 우러러 뵈옵기에는 너무나
거룩도 하신 얼굴
누우신 당신 발치에 이 얼굴 파묻고
어깨 들먹이며 흐느껴지는
다만 울음이 있으옵니다

엉겅퀴 선인장들 가시숲 헤치시며
날 찾아오시느라 피맺히신 상처
눈물로 씻을수록 어여쁘신 발등을
목마른 사슴마냥 입 맞추옵나니
이 순간 샘솟는 생명 나의 안에 고이고
낙엽 같던 영혼이 빠스카[148]를 꽃피움이여

산산이 부서져 조각난 마음도
영롱한 무늬로 다뤄 주실 님의 솜씨
알라바스뜨로스[149] 깨쳐서

---

148 파스카.
149 옥합.

나르도[150] 향 발라 드리오니
주여! 쉬시옵소서 훈훈한
향기 속에 곤하신 몸 묻히소서
애절하온 가슴 당신 하나를 위하여
여기 모시고 있나이다

---

150 나르드.

마지막이던 밤

니산[151]의 보름달이
목련 흰 송이를 피우는 밤

진달래 매화 살구꽃 꺾어다
조촐한 봉안대 꾸며놓고

EUCHARISTIA[152] 우러러
눈물짓는 마음이 있습니다

마지막이던 밤
띠 띠고 허리 굽히시어
제자들 발을 씻으시던 밤
님은 그 밤에 새로운 계명을 주셨습니다
"내 너희를 사랑함같이
너희도 서로 사랑하라"고

밀물처럼 죽음이 쳐들어오고

---

151 히브리력의 첫 달. 니산 월 14일이 파스카 축제일이다.
152 성체.

섬 모양 님은 외로워져 가시던 밤
날이 새면 그 목숨 끊으실 줄을
빠안히 알으시던 그 밤에
님은 나를 못 잊으시어
사랑을 남기셨습니다 빵과 포도주의
허울 아래 오롯한 당신을 남기시었습니다
"이는 내 몸이니라 이는 내 피니라"고

그날 밤 당신의 몸과 피를
손수 나누어 주시던 그때 님은
끝까지 고이시던 제자들 등 너머로
돌벽을 뚫고 아득한 세기를 꿰뚫고
가엾은 이 몸을 보셨으리다

전지의 눈에 비친 그때의 나는
당신 가슴에 기대어 비밀을 들을 수 있던
정녕코 그런 영혼이 아니었습니다
도리어 그렇듯 시퍼렇던 장담 끝에
세 번이나 당신을 모르노라 한
그이였는지 모릅니다

진리보다는 차라리 체살[153]이 두려워서
정의를 죽음에 붙인 삘라도[154]
아니 그보다도 당신의 피를 짓밟고
입맞춤으로 당신을 팔아먹은
멸망의 자식이었는지도 모릅니다

아으 루치펠처럼 무거울손 내 죄악에
금방 사해에서 더한 깊이로
도려빠져야[155] 할 땅이 이대도록[156] 꺼지지
않음은 엄청난 자비의 기적

씻어 주소서 더러운 죄인
오늘밤 첫 닭이 울기 전에
머리끝부터 발끝까지
온 몸을 말끔히 씻어 주소서

---

153 카이사르.
154 빌라도.
155 한 곳을 중심으로 그 부근이 도려낸 것처럼 몽땅 빠져 나가야.
156 이토록.

벌리소서 당신 그 전능의 팔을
둘 다 벌리어 안아 주소서
실바람에도 떠는 갈잎[157] 내 영혼이오니
두 팔을 다 벌리어 안아 주소서

니산의 보름달이
목련 흰 송이를 피우는 밤
EUCHARISTIA 우러러
이렇듯 눈물짓는 마음이 있습니다

---

157 갈대의 잎.

ECCE LIGNUM CRUCIS 보라 십자나무

다 떠나가 버렸습니다
옷 벗어 나귀 굽 아래 깔고
빨마 가지 뒤흔들며
호산나를 높이 부르던 백성
죽음 무릅쓰고 따르리라 맹서턴[158]
수제자 베드루[159]마저
이젠 다 떠나가 버렸습니다
이리 떼 겹겹이 에워싼 골고타 날망[160]에
애처로운 양 한 마리
희망 끊어진 해골산 마루턱에
십자가 한 그루가 섰을 뿐입니다
ECCE LIGNUM CRUCIS!

한생을 좋은 일 좋은 말씀으로
채워 오신 메시아이시기에
끝까지 사랑하신 그 죽음이

---

158 맹세하던.
159 베드로.
160 '마루'의 방언.

이토록 외로워야 하는가 봅니다
그로 해 숨쉬고 움직이는
입과 손들이
임자를 거슬러 한 서슬로 펴래지는 날
입시울은 키스로 인자를 잡아 주고
입시울과 입시울들은 님을 마다하여
침 뱉고 모함하고 욕하고 비양치고
창날인 듯 환도인 듯 손과 손들은
때리고 후려치고 십자가에 못 박아
그 얼굴에서 님스런 고우심을 앗아가고

아 갈릴레[161] 바닷가에서 배불리시던
사천 명 오천 명의 장정은 어디 있나이까
그대를 모셔 임금으로 받들자던 무리
그리고 간밤에 그대의 살과 피를
먹고 마시던 그 제자들이
지금 어디로 갔나이까
ECCE LIGNUM CRUCIS!

---

161 갈릴래아.

다들 떠나가 버렸습니다
나임성[162] 과부의 외아들도
라자로도 야이로의 딸도……
가는 곳마다 뿌리신 사랑은
미움의 가시로 돋아 오르고
다만 절대로운 고독이
하늘 땅 사이에 우뚝할 따름입니다

세상에 오실 제는 밤하늘이 낮처럼 밝고
천사들이 영광송을 불러 드리더니
요르단 강물에 몸을 잠그실 제는
성신[163]이 그느르시는[164] 가운데
아버지의 반기는 말씀이 계시옵더니
지금은 "슬픈 사나이"
사람도 아닌 한낱 벌레!
풍랑을 잠재우시던 그 호령 어디로 숨고

---

162 나인 성.
163 성령.
164 돌보고 보살펴 주시는.

핏방울 덧는 세 번 부름에도
"엘리 엘리"의 울부짖음에도
"아빠"마저 못 들으신 채 말 없으시니
지금은 벌레도 아닌 좆덩어리!
성내신 아버지의 침묵에
벌 감된 LOGOS가 말 없으십니다
ECCE LIGNUM CRUCIS!

이스라엘아 우러러 보라
세상의 구원이 매달리신 십자가를
아브라함과 이사악과 야곱의 엘로힘이
암탉인 양 팔을 벌리고 기다려 계시니
돌아오라 바빌론의 성곽을 쳐부수고
에짚또[165]의 변경을 넘어서 돌아오라

그는 메시아! 빠스카[166]의 고양羔羊[167] 광야의

---

165 이집트.
166 파스카.
167 어린양.

구리 뱀

야흐웨[168] 하느님이 우상인 듯 말 없으셔도
외오곰[169] 아버지 부르며 그는 죽어 갔노라

돌아오라
세상의 구원이 짐즛[170] 여기 계시니
돌아오라
어서 와 절하자
HOSANNA HOSANNA

---

168 야훼.
169 홀로.
170 '짐짓'의 옛말.

젯세마니의 밤

한 겹을 닫습니다
또 한 겹을 닫습니다
다 열고 기두려야
오시지 않는 님
세 겹 네 겹
다섯 겹마저 문을 닫아 버립니다

돌아앉아서 혼자 돌아앉아서
묵묵히 있노라면
거울처럼 벗은 영혼이
어두움 속에 흐느껴집니다

속으로 속으로 그윽한 속으로
밤이 이슥[171] 깊어갈수록
가난한 나의 하늘에
별 하나 없고

죽도록 보고 싶은

---

171 밤이 꽤 깊은 또는 지난 시간이 얼마간 오래된.

님이 그리워
외로움 한 덩어리
미치듯 몸부림칩니다

님은 오시지 않습니다
오실 리 없습니다
태양이 숨질 때라야
오신다던 님

안 오시는 님이
보이실 수 있으리까
안 오시는 님을
만져 볼 수 있으리까

옷자락만 살짝 스쳐 주셔도
그 향내에 까무러칠 목숨이건만
님의 얼굴 한번 뵈옵는 그 순간
당장 눈이 멀으리람을 모르지 않건만

아으 진정 못 살겠사옵니다
허구한 날
지루한 밤
캄캄한 어둠 속에
진정 안달이 나서 못 살겠사옵니다

그러나
어찌 하오리까
님은 말씀하시었습니다
"보지 않고 믿는 자 복된 자라"고
"하늘과 땅은 변할지라도
내 말은 변치 않으리라"고
님의 말씀 이러하시니
내 어찌 하오리까

보지 않고 믿음이 복됨이라면
허전한 가슴 안고 이냥[172] 살으려노니
그리움도 내일을 몸가지는 한낱 기쁨
고독이 쥐어짜는 방울방울
핏방울에 어두움이 물들고
까마득히 새벽은 멀리 있어도
나는 밤을 새우렵니다
님 하나 믿으며 믿으며
젯세마니[173]의 밤을 새우렵니다

172　이러한 모습으로 줄곧.
173　겟세마니.

님이 다시 살으신 날

고우신 님 한번 모시고 지움이 소원이었습니다
사랑하기 위하여
그지없이 사랑하기 위하여 생겨난
마음이길래
언제나 그의 꽃다우심 가시지 않는 님
밤낮 내 앞에 놓고 사랑할 수 있는
그러한 님이 그리웠답니다

무지개같이 찬란한 약속을 한 아름 안고
죽음으로써 사랑을 다짐하자던 그들이
또한 무지개처럼 스러지고 말리람을
알아차린 오늘
천만 마디 가슴 벅찬 말들보다는
한 방울 진한 피가 보고 싶어졌습니다

피를 보고야 사랑할 수 있는 이 마음이길래
님은 나 하나 때문에
뭇 사람의 비웃는 소리에 떠밀리며
정들인 고향마저 버리셔야 했습니다

발 부르트도록 허리 졸라매고 나를 찾아
헤매이시던 길머리 샘터에서
찬물 한 잔을 죄녀에게 빌으시던 나의 님
참새에도 여우에도 비할 나위 없이 그는
머리 누일 자리도 없으란 몸이셔야 했습니다

보드라운 그의 가슴 속에
별만치 무겁던 내가 안겨지던 밤
쓸개같이 쓰거운 죽음의 잔을 받들고
피땀이 방울방울 어둠을 물들일 적에도
님은 차라리 날 위해
모진 죽음을 작정하셔야 되었습니다

아으 빗발치는 채찍과 채찍 끝에
꽃보다 새빨갛게 흩어지는 살점들이여
옥같이 곱디 곱은 님의 살결이언만
절세 동정이 빚어 낳은 거룩함이시언만
티 없은 그이 나 때문에 애처로이
바서지는 꽃이어야 했음이여

나 하나 못 잊으시어 이 꼴이 되셨음을
곤룡포라 둘러 주는 붉은 옷 입으시고
홀 삼아 대막대를 바른손에 쥐이시고
가시 면류관 눌러 씌워 피 줄줄 흘리시는
ECCE HOMO![174]
소리소리 당신의 목숨 쥐어뜯으며
끊어지라 아우성치는데
나 하나 못 잊으시어 이 꼴이 되셨음을

피를 보고야 사랑하리란 이 마음이길래
죗더미인 양 천지에 둘 곳 없으신 몸이
"엘리 엘리 라마 사박타니"를 외치며 죽으셨나니
내 앞에 놓고 늘 고일 수 있어야 할
님이시기에 이지러지셨던 님
보름달마냥 불끈 다시 살아나시었나니

알겠습니다
님의 날 사랑하심이 오직 참될 뿐임을

---

174 "자, 이 사람이오."(요한 19,5)

오늘에야 비로소 깨닫하겠습니다

내 붉은 마음을 님께 보여 드릴
"그 때"가 무르익은 이제야말로
님 따라 정녕 나도
님을 위해 죽어야겠습니다

묵은 옷 훌훌 벗어던지고
까무러치도록 매를 맞고야 후련할 가슴
당신께 미치고 싶어 날 보란 듯이
흰 옷 떨쳐 입고
당신 때문인 놀림과 삿대질과 가래침 받아 가며
가렵니다 이 거리 저 거리에서 조리 돌리우며 가렵니다
어깨 휘어지는 십자가를
나 혼자 짊어지고 창날수풀 헤치며
헤치며 가다가 쓰러질지라도
당신의 피를 마시며 가고 또 가렵니다

아 사랑이란 피 흘리는 아픔이 따라야 하는 것임을
님 안에 사는 길이란 목숨을 버혀[175] 바치는
노릇이어야 하는 것임을
님이 다시 살으신 날

아물아물[176] 먼 뒷날 그려 보며
일찍이 바위조차 몸부림쳐 울었다던
골고타 봉우리에
나는 밀씨 한 톨
부활의 씨앗을 심으나이다

---

175 '베다'의 옛말.
176 작거나 희미한 것이 보일 듯 말 듯하게 조금씩 자꾸 움직이는 모양.

LUMEN CHRISTI 그리스도 우리의 빛

부싯돌 쳐 돌 틈에서 따낸
새롭디 새로운 불로
두리기둥[177] 부활 촛대를 휘황히 밝히자
LUMEN CHRISTI

사신의 땅 에짚또[178]의 파라오의 멍에
떨치고 눈부신 빛
빛을 끌어안는 새 마음
피눈물 찌들었던 이스라엘의 밤인 만치
태양같이 생명을 부어 주시는
LUMEN CHRISTI

머리카락 끝의 끝까지 묻히었던
나아만의 썩은 살이
요르단 맑은 물속에서 세 번 다시
솟아오르면
성삼위의 갓난아기 되어

---

177 둘레를 둥그렇게 깎아 만든 기둥.
178 이집트.

첫 소리 외오치는
LUMEN CHRISTI

이미 나는 부활한 예수님 따라
아담의 무덤 안에 있지 않노라
성신[179]의 입김에 사는 새로운 삶이
어느 시간의 호흡에도 피로웁노라

까마귀 까옥거리는 허허 벌판에
그믐밤 어두움이 앞을 가릴지라도
님은 나의 길 나의 진리 나의 생명
영원한 가나안을 밝히는 빛이시어라
LUMEN CHRISTI

---

179 성령.

떠나면서

십오 년 십오 년 십오 년
은축銀祝이 외로운 십오 년
님 따라 여기 온 지 십오 년 만에
홍포 입고 가시관 쓰고 십자가 짊어지고
이렇듯 골고타로 길을 떠나옵나니
십자가 그 뜻이야 아오리까만
모르는 채 시늉 내는 영광스러움에
마음은 한껏 벗은 양 가볍습니다

홀랑 다 벗기우고 알몸이 일어선 오늘
님 아닌 어디에 붙일 곳이 있삽기에
떠나는 가슴이라 한 됨이 있으리까
가물가물 아득도 한 서녘 하늘 끝
기다리는 누가 없는 먼 머언 나라에
한 조각 구름처럼 떠가야 할 몸이
이토록 시퍼렇게 든든하옵기는
오직 한 분 당신을 믿고 당신께 바라고
당신을 괴이는 까닭이외다

나래 펴 구천[180]에 오른단들

님이 아니 계시리까

오대양 깊은 물엔들

님이 게 안 계시리까

지극地極까지 달려가도

님 손 안에 움직임이오리니

님이여, 봉황의 나래를 펴 주시옵소서

당신 등에 곱다시[181] 업혀

구름 속 헤치며 창공을 가오리다

— 1963년 8월 김포 공항을 떠나면서

---

180 가장 높은 하늘.
181 무던히 곱게.

나그네의 노래

'하비엘'의 죽음같이 아름다운
석양을 님이 손수 꺼 주시며
망망한 태평원에
어둔 바다가 밀려옵니다

보일락 말락 먼 섬처럼
'과다르라마'[182]가 가라앉고
여기 저기 전나무들이
거인들처럼 다가오고
잘새[183]들 짹짹거리며
가지를 찾아 날아들면
바야흐로 하나씩 둘씩
등대 같은 불들이 켜집니다

깜박 깜박! 깜박거리며
돌아오는 여객기 소리
귓전에 가차오는 저녁

---

182 스페인 과다르라마 산맥.
183 밤이 되어 자려고 둥우리를 찾아드는 새.

옷자락에 젖어드는 향수가
어이 이리도 애절합니까

저녁놀 밑에 '피라미드'인 양
갸우뚱 어깨를 서로 기대고
늦도록 서 있던 한 쌍의 남녀가
어느새 어디메로 사라지고 없습니다
푸른 등 빨간 등이 불야성을 이룰수록
캄캄한 심연으로 까라지는 나그네

님하 내 님하
어드메 계십니까
그리운 내 님은 어디 계시나이까

고우심 뵈오려 삼겨난 눈
섬기기 위하여 태어난 몸
바치기 위하여 있는 목숨이기에
내 기쁨 내 보람 내 삶이
님을 떠나 있지 않삽거늘
님이여 그대는 어디 계시나이까

거울 앞에 아미[184]를 다스리는 여인
미운 제 얼굴 고치지 못 하와도
불같이 태우는 사람들 사랑
가시는 젊음을 붙들지 못하와도
님이 날 괴이시면 젊고 예뻐지겠삽거늘
그리우신 내 님하 어디 계시나이까

사랑 없인 살 수 없는 마음
사랑 따라 값이 매지는 것이라면
내 언제 권세 앞에 머리를 굽히더이까
부귀와 이름 앞에 무릎을 꿇더이까
이마 쳐들고 님 하나 바라보며
고달픈 세월을 헤어 왔사오니
님이여 오시옵소서
가디록[185] 쌓아지는 그리움을 풀으소서

님이 오시면 이 밤도

---

184 가늘고 길게 굽어진 아름다운 눈썹을 이르는 말.
185 갈수록.

깊을수록 하뭇[186]한 밤
땅 끝에 서러운 나그네도
칠보단장[187]한 화용월태[188] 새 아가씨
화촉동방[189]에 사랑 밝히고
님과 나 마주앉으면
하늘엔 영광
땅엔 평화이오리니
님이여 어서 빨리 오시옵소서
가난한 영혼 지닌 것이 없사와
빈 꽃바구니에 별을 따 불 밝히고
봄 그리는 나무처럼 서 있습니다
님을 기다리며 서 있습니다

— 마드리드에서

---

186 마음에 흡족하여 만족스러운.
187 여러 가지 패물로 몸을 꾸밈 또는 그 꾸밈새.
188 아름다운 여인의 얼굴과 맵시를 이르는 말.
189 첫날밤에 신랑 신부가 자는 방.

이방인

설을래야[190] 설을 산 하나 없이
시꺼멓게 멍든 강
'세이느'[191] 강물 위에
한 방울 기름처럼
떠도는 이방인

육백 만이 우글거리는
'빠리'[192] 한복판에
숨 쉬는 차돌 나그네 하나
뭇 바퀴 치닫는 '꽁꼬르드'[193] 광장에
오뚝 서 있는 오벨리스크올시다

잿빛 하늘과 입 맞추는 지평선
가도 가도 오아시스 있지 않는
인간 사막에
나그네 하나

---

190 설래야.
191 세느 강.
192 파리.
193 콩코르드.

그림자와 더불어 속삭입니다

그림자야 사방은 너와 나
그래도 둘이다마는
너 없이 왔던 나
너마저 두고 돌아갈 나그네여든……

내 시름 부질없구나 새삼스럽다
다 버리고 떠나온 몸
다 버려야 할 나그네여든
고향을 어데 간직했기에
못 잊을 누가 있기에
아직도 누가 그리움을 지닌다느냐

가자, 바람 불어 주는 대로
한 장 구름같이 가비얍게
어디면 이고 갈 하늘 없겠느냐
밟고 갈 땅이 없겠느냐
가자, 어디로든 바람이 부는 대로

참새 한 마리도곤 비싼 목숨
한 송이 나리꽃보단 더 귀한 육체
머리카락 하나라도 다 세어 두셨단다
어데 가면 못 살으랴 어서 가 보자
바람이 부는 대로 구름과 같이

— 1960년 9월 빠리에서

길섶에서

여름날 긴 긴 해
길을 가다가 길을 가다가
길섶 옹달샘에서 목을 축였습니다

느티나무 그늘 아래 혼자 앉아서
먼 옛날 사마리아 여인이 물을 긷던
시켐[194]의 맑은 우물을 그려 봅니다

고개 숙이어 때 묻은 신발을
말끄러미 굽어 보는 눈동자 안에
화안히 떠오르시는 발이 있어
꽃숭어리[195]보다 밟기 죄스러워지는
한 줌의 흙

흙은 메아리 합니다
자국마다 고운 정 심으시며
산과 들 거리로 쏘다니시던

---

194 시카르. 사마리아의 한 고을.
195 많은 꽃송이가 달려 있는 덩어리.

님의 발자욱[196] 소리

바위라도 아스러지리 만큼
한밤중 겟세마니[197]의 흙에 스머들었던
바다같이 깊으신 한숨 소리

금방 성전 휘장이 두 쪽으로 찢겨 나가고
예루살렘 용마루에 해가 캄캄할 제
죽음과 암흑의 침묵 속에서
다만 한 소리
골고타를 적시우던 핏방울 소리

이마 쳐들고 우러르는 하늘은
눈부시도록 푸르른데
하늘가 뫼뿌리 위에
몽구리 구름이 피어오릅니다

---

196 발자국.
197 겟세마니.

저 하늘 요르단에서 세를 받으시고
기도하실 때 파아랗게 열렸던 그 하늘
저 하늘 가리켜 "우리 아버지" 가르치셨고
물고기 두 마리 다섯 개 빵을 드신 님이
우러러 보시던 그 하늘
내 길이 살 곳을 마련하시려
꽃구름 타시고 성부님 오른편에
올라가신 것도 저 하늘이었습니다

들꽃 한 송이 모래알 하나하나에도
님의 그림자 비치어진 자취
구만리 창천의 햇발이 이리도 가까이
느껴지는 찰나 해바라기처럼
짙푸른 하늘 사뭇 그리며
깔바리아[198] 장찬[199] 길을 홀로 걸으렵니다

---

198 갈바리아.
199 거리가 길고도 먼.

외로운 사람끼리

산 너머 저 쪽에 '아빌라'가 있다는
'과다르라마' 높은 산엔
벌써 눈이 하이얀데
바람이 불 때마다 사그락사그락[200]
잎이 지는 플라타너스 아래
낙엽 같은 손을 펴고
길손을 붙드는 소리가 있습니다
"적선하십쇼 하느님이 당신께 갚으시리다"

은전 한 잎을 쥐어 주는
이방인의 가슴속에 뭉클
사무쳐 오는 생각이 있습니다
내 어찌 되어 만 리 이역에
나그네로 살건마는
어느 비는 이 있어
나날의 빵과 다사로운
침대를 마련해 주는 것입니까

---

200 '사각사각'의 본말.

빌어 주는 그이 누구신지 나는 모릅니다
그분이 어디 계신지도 나는 모릅니다
아프리까[201] 쟝글[202]에서 춤을 추는 토인이신가
활 쏘아 흰 곰을 잡는 북극의 사냥꾼이신가
아니면 붉은 땅에서 죽을 수 없어 사는
가톨릭 수도원의 그늘에서
남 몰래 자라나는 영혼이신가

빌어 주는 그이 누구신지 나는 모릅니다
그분이 어디 계신지도 나는 모릅니다
그러나 한 가지 분명 아는 것이 있습니다
그분의 얼굴을 알지 못해도
정녕 그이는
세상을 즐기는 사람은 아닐 것입니다

권세로 남을 누르고
돈으로 이름을 사는 따위

---

201   아프리카.
202   정글.

그런 사람은 분명 아닐 것입니다
오히려 정의와 사랑 때문에 업신여김을 받고
인생의 한쪽 구석에 밀려서
눈물로 빵을 먹는 그런 분이실 겝니다

외로운 사람은 외로운 사람끼리

그렇다면 그렇다면
아쉬운 손을 내밀던 저 할머니
그의 정성어린 합장으로
내가 이리 복된지도 모를 일이 아닙니까

'과다르라마' 높은 산엔
벌써 눈이 하이얀데
바람이 불 때마다 낙엽이 쌓이는 포도[203] 위를
이역의 나그네 혼자 걷고 있습니다

— 1960년 11월 마드리드에서

---

203 포장도로.

아직도 너의 봄은 아니다

씨앗을 심자
가시밭 돌재약[204] 길가 언저리
다 던져 두고
좋은 땅 골라서
나자렛에 씨를 심자

금싸라기보다 값진
씨 한 톨 너는
겨울의 가슴 속에 몸을 틀어박고
바윗돌처럼
침묵을 호흡하라

노고지리[205] 우짖고 꾀꼬리 노래
골마다 봄을 메아리 해도
아직 너의 봄은 아니다
싹도 보이지 말라

---

204 자갈.
205 종다릿과의 새 '종다리'의 옛말.

성좌[206]같이 무성한 모란꽃들이
그 너털웃음 웃음소리로
지축을 흔들지라도
너 움씰[207]하지 말라
아직도 너의 봄은 아니다

너의 움돋이[208]를 위하여
늘봄이 따로 있다
신비로웁기 달걀 같은 —
그 아름다운 생명을 지키고저
너를 휘감는 칠색 눈부신
햇발이 따로 있다

참거라, 줄기찬 끈기가 오직 있거라
비로삼이 없으신 날숨에
시들지 않을 꽃봉오리를 열고

---

206 별자리.
207 깜짝 놀라서 몸을 뒤로 움츠리는 모양.
208 풀이나 나무를 베어 낸 데서 새로운 싹이 돋아 나옴 또는 새로 돋아 나온 싹.

가없이 푸르른 하늘에
현묘한 그 향기를 풍길 날까지
너는 더욱 참거라
겨울 속에 깊이 몸을 묻고
죽음 같은 침묵을 호흡하여라

천당이 어디냐구

천당이 어디냐구
가 보았느냐구요

지옥은 어디냐구
가 보았느냐구요

몰라요 모르지요
몰라도 나는 좋아요

어디나 님 계시면
천당이 거기고요

님 아니 계시면은
어디냐 지옥이지요

악마란 무어냐구
아예 묻질 마십시오

사랑 곧 없다면야
천사도 악마랍니다

해

어쩌면 이리도 맑은 하늘
돌과 바위가
태양에 취하여 불그레한
남쪽 에우로빠[209]
소나무 전나무조차
따가운 열기에
겸손을 익히는
에스빠아냐[210]

가을날이 몹시 아름다워
해를 우러러 보노라니
동그라니 커진 두 눈이
볼수록 캄캄해집니다

올빼미 눈을 하고 우두커니 서서
나는 속으로 님에게 속삭입니다
해보다 밝으신 해님

---

209 유럽.
210 에스파냐. 스페인.

빛과 열을 성체 안에
쏟으시며도 햇살 없는 해 안에
실재하시는 해님

그 사랑으로 내가 살고
그 빛 속을 내가 걷건마는
여태 당신을 뵈올 수 없던 까닭을
이제야 깨단하겠삽니다
벌레처럼 죽음을 당하시던 오후에도
백부장이 그 위엄을 감당 못했삽거든 하물며
부활하여 계실 오늘의 님이시오리까

좋사옵니다 아니 뵈와도 좋사옵니다
보지 않고 믿는 복을 지니며 사오리니
두 가지 성性을 감추고 계신 내 하느님
언제나 내 영혼 어두운 밤하늘에
밝으신 해님 되어 주시옵소서

— 스페인에서

은혼의 곡

하루하루 살얼음을 밟으며
긴 긴 세월이 흘렀습니다

님에게 시집가던 날
땅에 엎드려 죽기를 기약하고
이 한 몸 바쳐서
제물로 살기를 빌었삽더니

나날이 새벽마다
제단에 나아가기 무릇 25주년……
그러하오나
어느 하룬들 새맑음[211] 없이
때묻은 영혼이
무엄하였음을 어찌 다 깁사오리까

하염없이 해는 돋고
하염없이 달은 지고
몇 번이고 꽃이 피고

---
211 아주 맑음.

낙엽이 흩날리는 사이
내 손에 씻기어진 아기
어느덧 자라 아버지 되고
첫영성체 모시어 준 어린이
새 신부님 되어 납시는 사이
울며 웃으며 논다니[212]같이
속절없는 세월이 지새었삽니다

돌아다보면 아슬아슬
골고타의 구비 구비!
살뜰히도 돌보아주신
고마울손 님의 손길!
서리서리 은총의 화환에
엉키어진 숨은 시름!
하리의 구름 하늘을 뒤덮고
님은 별만치 멀으시올 제
내 진정 님 아닌 사람에 기대어 살았던들
님 아닌 누구의 괴임을 바라 살아왔던들

---

212 웃음과 몸을 파는 여자를 속되게 이르는 말.

아! 구원은 얼마나 아득할 뻔했삽더이까

가시 아래 피 번지신
당신의 "거룩한 얼굴"을
밝으신 태양삼아 우러렀사옵니다
유다스[213] 손에 팔려 가신
당신의 몸값 서른 닢을
마음을 조아려 흐느꼈사옵니다

결국 사제로 산다는 건
십자가에 죽는 것
나를 몸소 살라 살라
번제의 흰 재로 남을수록
님 사랑 안에 삶이라 함을
늦게야 익히 배웠삽니다

---

213 유다.

이제 청춘은 가고
엠마우²¹⁴의 노을이 타는 저녁
님이여 은혼의 잔치에
무엇을 빌으라 하시나이까
검은 머리 새도록 역사가 늙는 동안
역천逆天²¹⁵이 송두리째 뽑히움을
내 역력히 보아 왔거니
님이 아니 심으신 어느 씨앗도
끝끝내 온전함을 보지 못하였거니
님이여
주시옵소서 당신을 주시옵소서
당신만이 다함없는 내 것이오니다

지복의 하늘나라
성삼위의 품속에서
그립던 천사들이 우리
은혼의 곡을 노래하는 날까지

---

214 엠마오.
215 하늘의 뜻을 어김.

여기 젯세마니[216]의 한 외로운 사제
'아빠'의 뜻이 담긴 죽음의 잔을 들고
첫 사제님과 더불어
올리리이다
피 흐름 없는 향화를 올리리이다

       — 1960년 6월 15일 사제가 된 지 스무다섯 돌에

---

216 겟세마니.

접동새처럼

1
접동새처럼
십자가
나무에
집을 짓고
새도록 밤새도록
울어 옙니다

2
새도록
밤새도록
울어 예면
십자가
나무에
꽃이 핍니다

3
피울음
울어서
날이 밝으면

십자가

나무에

열매가 엽니다

          — 1962년 마드리드에서

죽여 주소서

겨울이 짙은 뫼뿌리 위에
외포기 나무십니다
골고타의 십자가

가지에 떠는 한 잎 잎새마냥
오뚝 매달리신 알몸뚱이
나래를 편 독수리처럼
훤칠도 하시옵니다

본디 홀으로 계옵시며
스스로 넉넉함이시라
한 오라기의 실조차 그 고우심에
그늘이려든 오조룡[217] 수놓은
곤복이 어디 당키나 하오리까

열두 구슬을 꿴 면류관은커녕
가시 눌러 쓴 머리에서 흘러내리는
홍옥보다 아름다우신 핏방울

---

217 발톱이 다섯 개 있다는 전설의 용.

짜장[218] 젊으신 그 바탕에 산 무늬 아롱지우고[219]
남 없이 맑으신 목숨 하나
겹겹이 쌓아진 죄악 벌 씻어 주시오니

님하 죽여 주소서 십자가에 날
못 박아 죽여 주소서
죽어 오직 사랑이신
당신 안에 묻히고 지움이 소원입니다
사랑은 하나
둘일 수 없음이니이다

---

218 과연 정말로.
219 아롱아롱한 점이나 무늬가 생기는.

채송화의 노래

뜰 모퉁이에 버려진
목숨 하나 채송화는
외로움을 지키는 풀이올시다

바늘이 앉을 만한
좁은 터에 살면서 채송화는
조용한 웃음을 지닌 꽃이랍니다

겨자씨처럼 작은 알몸이
깁실[220]같이 가냘픈 뿌리를 내리라고
님은 이 땅덩이를 지어 주셨답니다

나의 봄과 여름을 마련하기 위하여
님은 따뜻이 편 손으로
지구를 바치고 돌려 주십니다

내가 숨 쉬라고 대기가 있습니다
마시라고 맑은 이슬이 있습니다

---

220 누에고치에서 켠 실.

나는 비로 몸을 씻은 뒤에 고와집니다

님의 노래 머금고
봉오리가 부풀어 오르면
태양은 눈부신 키스로 나를 꽃 피웁니다
바람은 간들어지게 춤을 추게 합니다

나는 오래오래 살고 싶습니다
끝없이 크고 싶습니다
낮이면 파아란 하늘
밤이면 별들을 바라보며
하늘나라까지 키가 뻗고 싶습니다

LOURDES루르드

푸른 강 '가브' 강이 맑은 송가를 읊으며 구비도는
여기 '피레네' 산 기슭에 오억의 심장이 식지 않는 한
결단코 꺼질 수 없는 촛불들에 그을어 황혼의 빛깔로
검어진 바위가 서 있습니다
바위는 어린 '벨라뎃다'[221]의 고개가 아프지 않도록
나즈막히 겸손되이 자리잡고 있습니다
산비둘기나 깃들일 수 있는 덧거친 바위틈에
하얀 옷 푸른 띠 하고 웃으며 나타나시던
성모 마리아 —
"나는 원죄 없음이로라"를 계시하던 그때부터
억만의 무릎들이 닳도록 꿇리우던 자리 억만의 가슴들이
죄를 뉘옻고 돌아가는 자리
여기 순례의 맨 뒤의 뒷줄에 꿇어 한 사제
눈물로 묵주를 적시우고 있습니다

출렁이는 촛불 바다에
산성 위 추석달이 수줍고
그칠 줄 모르는 아베 마리아 아베 마리아의 연창連唱에

---

[221] 베르나데트.

가을밤 하늘 별들이 춤을 추고 산들 메아리하고 풀숲의
벌레들은 반주하는데
광장 앞 우렁찬 'CREDO'[222]의 합송이 천지를 뒤흔드는
장엄한 이 순간
한없이 쏟아지는 뜨거운 눈물은 오직 "이기셨습니다
   이기셨습니다 당신이 이기셨습니다"를 부를 따름이옵니다

백 년 전 그즈음에는
까막까치가 지저귀던 동굴
베틀렘[223]처럼 가난한 '구룻간' 단간방[224]에서
해쓱한 '열네 살'이 나무를 주우러 왔을 적은
소름 끼치게 무서웁던 '마사비엘'이러니
지금은 어머니의 따뜻한 보금자리
생명수 용솟음치는 마음의 고향

(소경이 보고 앉은뱅이 걷고 벙어리 말을 하는

---

222 크레도. 신경.
223 베들레헴.
224 단간방.

그 숱한 기적들을 헤어 무삼 하오리까)
가슴 멍들고 머리 외로 돌아
죄에 고달픈 무수한 영혼들이
성지 이곳에 와
흐느낄수록 기뻐지고
아파할수록 상처가 아무옵나니
이기셨습니다 "원죄 없으심"이여
"빌어라 뉘우쳐라" 하신 말씀이 이기셨습니다
원죄 없게 하신 구세주여
당신이 이기셨사오니 지혜롭고 힘센 자들을 무색케
　　하시고저
글 모르는 어린이에게 진리를 가르쳐 주신 하느님
　　당신이 이기셨습니다

무릇 인간들 이룩하는 온갖 큰일은
'리반'의 송백처럼 높푸르다가도
역사의 지평선에 잠기고 마는 것
하느님 심으시는 말씀의 씨앗만이
겨자씨처럼 작다가 영원히 꽃피는 것
'피레네' 백령白嶺의 눈같이 깨끗하고

손수 치던 양 떼같이 마음이 순진하고
여리고 가냘프던 당신의 사자使者
벨라뎃다 앞에
음흉턴 서장 '자코메'와
서슬 푸른 검사 '듀뚤'과
비웃던 백성 코웃음 치던 안다니[225]들이
오늘날 모두 어디 있삽나이까

어머니여 보시옵소서
저기서 성전 한 모퉁이에
'한반도의 전도사 리델 주교와 리샤르 그리고 블랑 신부들이'
'천팔백칠십육 년'
아직도 벨라뎃다가 살아 있을 그때
'역경과 바다의 지극한 위험에서 원죄 없으신 동정
　마리아의 도우심으로 구원을 받아'
'성총을 가득히 입으신 마리아여 네게 하례하나이다'를
우리말로 돌에 새겨 남겼습니다

225　무엇이든지 잘 아는 체하는 사람.

구사일생 그들이 건너온 바다에 못지않게 박해의 풍파가
　　삼천리를 뒤덮어
'사학죄인'들이 가는 곳마다 피를 흘리고
안드레아와 최 도마[226]의 뒤가 끊기었을 제
뉘라서 한국 땅에 가톨릭이 다시 일어날 줄 알았으며
뉘라서 본방인 첫 주교가 여기 참배할 줄을 알았으며
저 리샤르와 블랑의 뒤를 잇는 사제들이 자리에 빌러 올
　　줄을 누가 알았사오리까

이기셨습니다 어머님은 이기셨습니다
어머님이 여기 나타나시기 전
'성좌聖座'[227]가 '무염시태'[228]를 공포하기 훨씬 전에 우리의
　　선열들은 죽음의 칼날 밑에서도
당신을 받들어 어머니로 모시었사오니
그리하여 '무염시태' 그날을 죄로 더럽힌
원수들도 '몽소승천'[229] 날 거꾸러져

226　토마스.
227　교황청.
228　원죄 없으신 잉태.
229　성모 승천.

우리는 잃었던 나라 도로 찾고
복음의 무궁화 다시 피어났사오니
구세주의 모친
홀로 '원죄 없음'이신 어머님이시기에
허구한 죄악들을 이기실 수 있으시옵니다

아베 마리아
어머니 내 어머님이여 굽어 살피시옵소서
눈물이 부끄러움을 적시는 불효한 자식
여기 당신 발아래 엎드려 있나이다
열세 살에 부르심을 받잡고
스물다섯에 사제가 되고
다시 스물다섯 살 돌이 흘러간 오늘
헤아리옵건대
은혜의 봉우리 하늘까지 닿았고
저버린 죄악 심연같이 깊사옵니다

어려서부터 오늘에 이르기까지
스스로 저지른 죄의 탓이온지
주님 사랑의 남다른 보람인지

몰리고 쫓기는 신세 가련도 하였건만
그럴 적마다 더욱 능하신 어머님의 손길이
캄캄한 고비에서 등불 되어 주시와
인제나 최후의 승리를 거두어 주시었삽니다

이제 인생의 여백이 하늘가에 밀려 왔사오니
당신 없이 못살겠는 이 몸이옵거늘
누구를 불러 하소연 하오리까
어머니여 불효는 당신을 저버렸사와도
어머니는 자식을 잊으신 적 없으시오니
철없는 자식 불쌍히 여기시사
다시는 죄악의 노예가 되지 말게 하소서
내 항상 당신 곁에 살아
아베 마리아로 밤이 켜지고
아베 마리아로 별이 잠자고
아베 마리아로 날이 새는 루르드를 죽도록 떠나지
  아니하오리이다

— 1960년 10월 2일 루르드에서

엉겅퀴

(아침저녁으로 산책을 할 때마다 그 앞에 무심코 서 있다가 돌아오는 엉겅퀴! 강추위가 없는 곳이라고는 하나 서리를 이고 눈에 덮이면서도 엉겅퀴는 잠을 썼다가 다시 깨나는 것이었다)

몸맨두리가
살 자리를 따로 고를 만한
주제가 되지 못합니다
구태여 양지쪽 동산을
부러워할 마음도 없습니다

어느 날 바람이 나를 물어다가
여기 길섶에 놓아 두었습니다
메마른 땅을 후비어 파고
나는 뿌리를 내렸습니다
비가 몹시 아쉬운 나라
태양이 돌을 볶는 장장하일[230]에
나는 이슬로 목을 축이며 살았습니다

---

230 기나긴 여름날.

카라반도 오아시스도 없는
사막의 모래알처럼
나는 언제나 고독을 지켜 옵니다

서릿발 치는 새벽 눈 오는 밤에
내 몸은 꽁꽁 얼어
푸른 고드름이 됩니다

나는 국화의 웃음을 지니지 못합니다
매화 같은 향기도 풍길 줄 모릅니다
죽은 듯 살아 있는 끈덕진 목숨
나는 나대로의 절개를 지키기 위하여
억센 가시가 돋쳤을 뿐입니다

구태여 양지쪽 동산을
부러워하지 않는 마음
나는 님이 심어 주신 좁다란 땅에서
다함없는 봄을 맞이하렵니다

— 1961년 1월 20일 마드리드에서

늙은 사나이

가을이 아니라도 매양 높은
마드리드의 하늘에
저녁 별들이 맑은 웃음을
피우기 시작하면
막대 긴 끝에 불을 켜 달고
골목을 도는 사나이가 있다
길 양쪽에 서 있는 와사등에
불을 붙이며 다니는 것이다

여름이면 남색 제복
겨울이면 회색 제복
제복 속에서 청춘이 늙고
제복 속에서 회갑을 맞았을
그는 춘하추동
날이 날마다 저녁이 있듯
언제나 불을 밝히며 부를 노래가 있다
마실 포도주가 있다

어깨동무 하고 꿈을 속삭이며
골목을 숨어 도는 젊은 한 쌍이

구태여 그의 옛날을 일깨워 줄 까닭이 없다
아스팔트를 지치는 자동차
샹들리에가 휘황히 덩그란 주택들을
흘긴 눈으로 치어다 볼 심술도 없다
살고 나면
끝나는 연극일 한 세상
웃음처럼
발자취가 없을 인생

예부터 목수의 아들을 구세주로 받드는
서반아[231]의
농부 '이시드로'를 지킴으로 모시는 수도 서울에
늙은 사나이는
어스레한 골목길을
파아랗게 밝혀 주며
아라비아조 노래와 함께 사라지는 것이다

— 1961년 11월 마드리드에서

---

231 '스페인'의 음역어.

고목의 기도

님이여 받아 주소서
겨우내 찬 하늘에
애원이듯 쳐들었던 빈손이
하이얀 꽃송이를 받쳐 들었사옵니다

실로 이 한 송이를 위하여
설운 연령이 아로새겨졌사오니
제비들 아득히 날아가 버린 계절 —
늦은 가을 서릿바람에
그 푸르던 잎새들 다 앗기고
죽음 같이 침묵하는 몸뚱이 위에
낮이면 까마귀
밤이면 부엉이가 올 뿐이었사옵니다
함박눈이 무릎을 덮고
가지마다 고드름이 열렸을 때
지나는 사람마다 손가락질을 하며
다시는 푸르를 날이 없으리라 예언했사옵니다

외좁던 시절
밤은 길대로 길어 가고

해님마저 싸늘한 웃음으로 나를 외면할 제
'골고타'의 님처럼
쓸개와 '미르라'[232]을 마시던 마음!
그럴수록 믿음은 뿌리를 앙버티고
'아말렉'과 싸우는 '모세'의 팔 모양
'야흐웨'[233] 님을 향해
빈손을 쳐들고 있었삽니다

이제 갈 것은 모조리 가 버리고
남는 것 하나 ―
생명의 꽃이 이 손에 피었사오니
받아 주소서
분향처럼 오르는 맑은 향기
오로지 오로지
님만을 위하여
간직해 왔사옵니다

― 1962년 2월 11일 마드리드에서

---

232 몰약.
233 야훼.

담 하나 사이
— '까르멘'의 영혼에게 —

담 하나를 사이에 두고
두 십 년이 흘렀다

차고 시린 독방이
보금자리처럼 그리워

네가 까르멘[234]에다
꿈을 묻은 지 벌써 이십 년이다

담 저 쪽에서 네가 늙고
이 쪽에선 내가 늙고……
담 하나의 사이가
만 리보다 멀었다

면사포 아닌 흑포를 드리워
보나 마나 한 네 얼굴
찾아가 보고 싶지도 않았고
새로이 무어라 지었을 네 이름

---

234 카르멘.

구태여 알고 싶지도 않았다

가까이 있으나
동과 서의 양극에 있으나
마찬가지로 먼 거리

거리는 이다지 멀어도
거기 수원[235] 뜰에도 여기 모양
햇볕이 다사로울 봄

둘 아닌 태양이 두 곳의
장미를 피워 주듯이
한 분이신 님의 안에
두 영혼이 자라간다

남 몰래 피 흘리며
십자가 지고 가다 보면

---

235 수도원.

가는 길이 하나뿐인 깔바리아[236] 길

나날이 나를 끊으며
님의 자취 따르다 보면
너나 나나 나란히 걷는
같은 길동무

한 줄기 님의 핏줄에
이어져 사는 우리라면
담 하나를 사이에 두고
이승 저승이 나뉘어도
언제 어디서나
'오늘'과 '여기'에 사는 우리이리라

---

236 갈바리아.

두 눈알을 쟁반에 받쳐 들고

아직도 나
님만을 받든다 함이
거짓말인가 하옵니다

빛을 그리워하며도
너무나 어둡지 않은 나
눈을 감으면 희랍의 하늘 아래
베누스[237]가 떠오르고
시레나스[238]의 노랫가락이
구성지게 들려옵니다

타고 싶으며도
청솔개비[239] 같은 마음
피지지 피지지
눈물만 흘리면서

---

237 로마 신화에 나오는 미와 사랑의 여신. 그리스 신화의 아프로디테와 동일시.
238 그리스 신화에 나오는 바다의 요정. 아름다운 노랫소리로 뱃사람들을 홀려 죽게 했다고 한다.
239 겨울 산에서 소나무의 중심 뼈대를 제외한 그 옆 가지를 자른 것. 마르지 않아 잘 부러지지 않고 불도 잘 붙지 않는다.

몸을 사리는 이 어리석음을
아, 님이여 어찌 하오리까

오로지 님만이 보이셔야 할 눈동자
님만이 임금이셔야 할 이 마음
물샐 틈 없어야 할 님과 나 사이에
님 아닌 무엇이 가로놓였고
없는 듯 있어야 할 나의 안에
내가 아직 살아남았사옵니다

어둡지 않아 빛이 못 들어오시고
비우지 않아 님으로 채울 수 없는
마음이라면
내 차라리
눈알이 뽑히운 '삼손'이 되어
'다곤'의 신전 기둥을
뿌리채 뒤흔들어
와지끈 우상을 부수고 죽겠삽니다

'시라쿠사'의 정녀[240]처럼
두 눈알을 쟁반에 받쳐 들고
캄캄한 심연 —
두 안공처럼
해를 비추시는 나의 님을
다함없는 빛을 바라겠사옵니다

— 1963년 마드리드에서

---

240 시라쿠사의 루치아 성녀. 예술 작품에서 접시에 눈동자를 받쳐 드는 모습으로 종종 표현된다.

아! SAN JUAN DE LA CRUZ 십자가의 성 요한

"침묵한 음악, 소리 있는 정적"이시니이다
에스파냐 시인들의 파트론[241]
깔멜[242]의 성자
가톨릭교회의 신비로운 학자시여

알카사르[243] 우뚝 솟은 아래
'에레스마' 시내가 잔잔히 흐르고
밤꾀꼬리 깃들이는
'푸엔시슬라'의 숲이 우거진 자리
여기 당신이 손수 바위를 깎고
겹겹이 돌담을 쌓아
우물 파고 향나무 심어
이룩하신 깔멜의 수도원에
덩그렇게 누우신 '후안 델 라 끄루쓰'
말없이 누워 계신 당신이
짐짓 "침묵한 음악, 소리 있으신 정적"이시니이다

---

241 수호성인.
242 카르멜.
243 스페인 세비야에 있는 성.

실로 당신을 배우고저
구라파[244] 막바지에 다다른 나그네
'까르라라'의 대리석을 캐어다가
명장 '펠릭스 그란다'[245]의 솜씨로
꾸며냈다는 이 무덤이 화려할수록
생각은 옛날을 되새기며
슬퍼만 지나이다

빵 한 조각 찬물 한 잔
한 벌 누더기가 당신의 생활
더구나 옥살이 몰매질에 죽음 같이
야위셨던 당신의 몸에
이 얼마나 어울리지 않는 호사시오니까

밀과 가라지가 함께 자라는 세상
검은 까마귀 흰 빛을 새오듯
간특한 무리 어진 이를 노리나니

---

244 '유럽'의 음역어.
245 스페인의 가톨릭 사제이자 예술가.

차라리 모르는 Moro[246]이었던들
오히려 마음들 이다지 안 슬플 것을
원수의 채찍보다 유다스[247]의 키스가
스승이신 그분에게 아리던 것처럼
남들 아닌 소위 수도자들 —
같은 규율 밑에 사는 형제요 어른이요
교권을 잡은 그들이 당신을 구박하고
없애려던 사실에
이 가슴 더욱더 저려 오나이다

굶주리고 병들고
시랑이처럼 사나워진 양 떼를
우리 안에 거두어 고이고이
오 년을 길러 내신 그것이 큰 죄라서
천오백칠십육 년
Encarnacion[248]의 수녀원에서

---

246 모로 사람. 스페인과 국경을 접한 북아프리카 사람.
247 유다.
248 엔카르나시온. 대 데레사 성녀가 20년 이상 지낸 수도원.

당신을 끌어내어
'메디나 델 깜뽀'[249]에다 가둔 이가
다름 아닌 '아빌라'의 수도원장
'발데모로'가 아니었습니까

다시 이듬해 섣달 초이튿날 밤
그날 밤은 당신의 그 아홉 달
지옥살이가 시작되는 밤이었습니다
야밤중에 문을 쳐부수고
뛰어든 불한당은
남이 아닌 깔멜 수사 신부들!
"대원장 '또스따또'의 영이다"라는
한 마디로 순순히 따라가실 당신이었거늘
그들은 악한들과 함께 무장을 하고 덮쳐들어
쇠사슬로 당신의 팔을 묶고
아빌라 성 북쪽 비탈로 끌고 갔습니다

수도자들의 손때가 그리도 매웁던지

---

[249] 메디나 델 캄포. 대 데레사 성녀가 아빌라 밖에 처음으로 수도원을 세운 곳.

개혁 수도원을 해산시키고
당신을 체포하러 일부러 '똘레도'[250]에서
왔던 '말도나도' 원장의 지휘 아래
— 당신은 평생 숨기셨어도
평생 병골이 드신 매를
그곳 수도원에서 맞으시고
그도 모자라서 한겨울 태산준령
'과다르라마'의 빙판을 넘어
'똘레도'로 압송되시지 않았습니까

Toledo! Toledo!
'타호' 강 언저리에 높이 솟아
한때 팔백 명 수도자가 살던
'가스띨랴'[251]의 으뜸가는 수도원이
통 털어 당신을 위한 감옥이 될 줄이야!

위선자들은 길과 방향을 감추려고

---

250 톨레도.
251 카스티야.

당신의 두 눈을 질끈 가리우고
가뜩이나 고불고불 미궁 같은
똘레도의 골목을 돌고 돌아
드디어 순찰사 '또스따도'의 앞에
대령시켰던 것입니다

우르르 달려온 수도자들은
그리스도를 능욕하던
악당들처럼 당신을 조롱하고
당장 열리는 총회는
교종 '그레고리오 13세'와
그의 전권 대사와 대주교들의 권위를 있는 대로 끌어대며
개혁자들을 불법 반역자로 몰아
성무 중지와 추방을 선언했었습니다
혁신 운동을 버리라는 명령이 그렇듯
추상같았어도 죽을지언정
굽힐 수 없는 것이 당신의 뜻이었고
지위와 좋은 집과 도서관과 황금을 약속하는 그들의 전술을
"벗은 그리스도를 찾는 자
황금이 아쉽지 않다"는 한 마디로 꺾으시자

당신은 고집불통
반동자란 누명을 쓰고 마침내

옥중 죄인이 되신 것입니다
옥이라 이름하기엔 너무나 사치스런 길이 열 자
넓이 여섯 자
당신만을 위하여 만들어진
이전의 뒷간은
손가락 세 개 폭의 사경창 틈으로
가냘픈 빛이 새어 올 뿐
피가 어는 강추위
숨 막히는 똘레도의 더위 속에
아홉 달을 지내셔야 하였습니다

질길손 목숨이라
괴로운 날을 이어 주는 것은
굳은 빵과 찬물과 멸치 한 토막!
그나마도 월, 수, 금요일 대재[252]날이면

---

252 '단식재'의 전 용어.

식당 한가운데로 끌려 나가
만좌중 두 무릎을 땅에 꿇고
독약 같은 음식을 입에 넣으셨습니다
그뿐이었습니까?
식사가 끝난 다음
번번이 따르는 원장의 꾸지람과 함께 한 바퀴
빙 조리 돌리우고 나면
잇달아서 웃통이 벗겨지고
성시聖詩 Miserere[253]가 합송되는
그 지루한 동안을 선혈이 튀어나는
물매질이 빗발쳤었습니다

겨울 봄 여름이 갊아 들어도
단벌뿐인 헌 옷이 썩고 삭고 이가 끓는 것쯤
오히려 아무것도 아니었습니다

시시로 옥문 바싹 가까이 와서
도깨비마냥 수근대는 소리들

---

253 미제레레. 시편 51편.

"벗은 발들 고집이 얼마 가나 보자"
"또스따도의 명으로 개혁 수도원은 전부 폐쇄다"
"새 교황대사 '펠립베 세가'의 단호한 조치로
개혁은 임종이 가까웠다"
"궐자[254]를 구태여 지키잘 것 있나
독약을 먹이면 그만이지
쥐도 새도 모를걸"

어디서든 주의 뜻이면 흔연히
죽어 갈 몸
독약인들 죽음인들 무서웠으리까마는
소름 끼치게 두려운 것은!
(정말 마음이 교만하여
어른들을 거슬림인가
혁신 운동이 주님의 뜻이 아니라서
없애려 드는 것인가) 하는
그야말로 영혼의 캄캄한 밤이었습니다

---

254 '그'를 낮잡아 이르는 말.

어두운 바다
물결은 뱃전을 들이치고
님은 주무시는 캄캄한 밤!
그러나 그 "캄캄한 밤" 속
사로잡힌 "바빌론 강 위에서"도
"솟아 흐르는 샘물"처럼
"영혼의 노래"를 당신은 그때
읊으셨으니
생각하면 그 모든 것은
깔멜산으로 오르는 골고타의 층층대
승리를 위하여 필요하였던 싸움
주림과 헐벗음이 당신을
님 사랑에서 떼칠 수 있더이까
근심과 고생과 칼과 위험이
떼칠 수 있더이까
죽고 살기와 악천사와 지상의 권능

그리고 이제 것 다음 것 그 어떠한
세고 높고 깊은 피조물도 당신을
사랑에서 갈라내지 못하였으니

풀무의 허연 불을 거친 황금처럼
죽음의 도가니 거치신
십자가의 성 요한!
이제 성자의 원광 쓰시고
하늘에 무궁토록 빛나시니이다
살아생전에도 능이 계셔
저 산 위의 바위를 떨어낼 적에
석수 '뻬드로'의 바서진 두 손가락을 낫게 하시고
이 읍내의 들뜬 여성 '앙헬라'를
거룩한 사람을 만드셨으니

성인이여
가엾은 이 요한을 위하여 빌어 주소서
평소에 사람을 피하여 비둘기처럼
저 언덕 위 바위굴에 몸을 숨기시고
님과 속삭이시기를 즐겨 하시었으니
나로 하여금 이름 없는 무덤같이 살며
깊이깊이 외로움을 맛들이게 하소서
어린 마음 아직도 철이 없어

꼭뒤에 홀리고 에비[255]에 놀라오니
'시나이'의 먹구름 속에 궂은 것들 던져 주고
'호렙'산의 엘리아스[256] 모양
이 몸마저 감춘 다음
바람 지난 고요 안에서
님의 말씀을 듣게 하소서

빛깔 없는 아름다움
소리 없는 님의 노래
내음 없는 님의 향기
아람 없는 님의 포옹 그 속에서
온갖 것 아주 잊고 오롯이 잊혀진 채
하나……
님만을 알고 사랑하며 살아지이다
아! SAN JUAN DE LA CRUZ!

— 1961년 7월 15일 스페인 세고비아에서

---

255 아이들에게 무서운 가상적인 존재나 물건.
256 엘리야.

번역 시편

성녀 대 데레사

내 님은 나의 것 MI AMADO PARA MI

나 오로지 날 바쳤으니
내 님은 나의 것
나는 내 님의 것
이러히[257] 바꿈질 하였노라

상냥하신 사냥꾼이
나를 쏘아 넘어뜨려
기진한 내 영혼이
그의 팔에 안겼을 제
새로운 삶을 얻어
이러히 바꿈질 하였나니
내 님은 나의 것
나는 내 님의 것

사랑으로 독을 먹인
화살로 나를 찔러
내 영혼은 그 내신 님과
하나가 되어 버렸으니

---

257 상태, 모양, 성질 따위가 이와 같게.

다신 어느 사랑도 원치 않노라
내 하느님께 날 바쳤음에야
내 님은 나의 것
나는 내 님의 것

못 죽어 죽겠음을 MUERO PORQUE NO MUERO

사노라 나 안에 아니 살며
높이곰 살기가 원이로라
어져[258] 못 죽어 죽겠음을

사랑으로 죽은 뒤론
이미 나 밖에 사노매라
당신 위에 날 사랑하신
님 안에 사는 탓이어라

님께 내 마음 바쳤을 때
그 속에 이 글을 적었노라
"어져 못 죽어 죽겠음을"

내가 사는 하늘스런
사랑의 이 옥살이로
님은 내 포로 되어 주고
내 맘은 풀려 놓였노라
님이 내 포로 되시는 꼴

---

258 감탄사 '아'. '어'. '아차'의 옛말.

보고지고 보고지고
어져 못 죽어 죽겠음을

아으 지루타 이승살이
머흐도 머흘사 귀양살이
항쇄 족쇄 이 감옥에
영혼이 묶여 사노매라
벗어날 일 기다림만도
뼈 저리는 아픔일라
어져 못 죽어 죽겠음을

님 못 누리는 그 살이가
아으 얼마나 쓰거운고
사랑이 그 좋다한들
지리한 기다림은 아닌 것을
강철 도곤 무지근한[259]
이 짐을 님하 벗기소서
어져 못 죽어 죽겠음을

---

259 머리가 띵하고 무겁거나 가슴, 팔다리 따위가 무엇에 눌리는 듯이 무거운.

언젠가는 죽으리란
믿음 하나로 사노매라
죽으면서 사는 길이
내 소원을 다짐하나니
죽음아 너로 해 삶이 오거니
더디지 말라 바자니[260] 노라
어져 못 죽어 죽겠음을

굳셀손 사랑이로다
목숨아 내게 번거이 말라
너를 얻으려 널 버리는 것

이것만이 네 차지란다
오려무나 달가운 죽음아
거뜬한 죽음아 오려무나
어져 못 죽어 죽겠음을

---

260 '바장이다'의 옛말. 부질없이 짧은 거리를 오락가락 거닐다.

거짓 없는 참스런 살이
저승살이가 그 아닌가
이승살이 죽기 전엔

살아서는 못 누리나니
죽음아 나를 외면치 말라
먼저 죽어서 살자쿠나
어져 못 죽어 죽겠음을

나 안에 사시는 내 님에게
목숨아 무엇을 내 드리겠나
살뜰히 그 님을 모시려니

너를 버려야 하겠구나
님 두고 내 사랑 또 없느니
차라리 죽어서 뵙고지고
어져 못 죽어 죽겠음을

님의 아름다움 HERMOSURA DE DIOS

오 아름다움이여 온갖
아름다움에서 뛰어나신 이여
상함 없이 아픔 주고
아픔 없이 된 것들 사랑을
앗아 주시나이다

아주 다른 두 가지 것을
이렇듯 이으시는 매듭이여
그 어이 풀리시는지 나 모르와도
이어져 힘을 주시나이다
궂은 것은 좋은 양 떠안으라고

본디 있지 않는 것을
가없는 있음과 매 주시며
다함없이 다하시고
미운 것을 고이시며
허허공공[261]을 키워 주시나이다

---

261 끝없이 넓고 크다.

나 안에서 널 찾아라 BUSCATE EN MI

영혼아 너 찾기 나 안에서 하고
날랑은 너 안에서 찾기로 하라

사랑이 묘한 솜씨 있어
영혼아 너를 나 안에 그렸으니
화공이 아무리 능하다 한들
이런 모양을 이런 솜씨로
어이 다 떠낼 수 있겠느냐

사랑으로 지어진 너
어여쁘고 고운 대로
내 안에 그려져 있으니
내 사랑아 널 잃거든
영혼아 너 찾기 나 안에서 하라

내 가슴에 본떠진 너를
분명 너는 마주보리니
참따랗게[262] 나타난 모습

---

262 딴생각 없이 아주 진실하고 올바르게.

살은 듯이 나타나 있어
너를 네가 볼 양이면 기뻐하리라

나 만날 곳 어디인지
행여 너 모르겠거든
이곳저곳 헤매지 말라
날 보기가 소원이어든
나 찾을 곳은 네 안이니라

나 머무는 곳 바로 너
너는 내 집 내 방이로다
마음속 문을 굳게 닫고
네가 있음을 볼 때마다
언제나 이렇듯 부르노라

네 밖에서 날 찾지 마라
내가 보고 싶을 때마다
나를 부르면 그만이리라

지완[263] 없이 내 가리니
나 찾을 곳은 네 안이로다

---

263 더디고 느즈러짐.

나는 그대의 것 VUESTRA SOY

그대 위해 삼겨난 몸 난 그대의 것
나로 하여금 무얼 하라시나이까

엄위하신 지존
영원하신 슬기시여
내 영혼 어여삐 보옵시는
님이여 지존이여 지선이여
굽어보소서 더럽고 더러운 이 몸
오늘 이렇듯 그대에게 사랑을 노래하노니
"나로 하여금 무얼 하라시나이까"

날 지어 주셨기에 그대의 것
날 속량해 주셨기에 그대의 것
날 참아 주셨기에 그대의 것
날 불러 주셨기에 그대의 것
날 기다려 주셨기에 그대의 것
나 절개를 꺾지 않았기에 그대의 것
나로써 무얼 하라시나이까

좋으신 님이요 미천하기 짝 없는

이 피조물에게 무엇을 하라시나이까
죄 많은 이 종에게 하라고
맡기시는 일이 무엇이오니까

보옵소서 내 사랑이여 여기 이 몸을
보옵소서 내 님이여 여기 있사오니
나로써 무얼 하라시나이까

이 내 마음 보고 계시오니
내 몸 내 목숨 내 영혼을
속마음 깊은 정까지
그대 손에 놓아 드리옵니다
좋으신 님 내 구원이여
그대 것으로 날 바쳤으니
나로써 무얼 하라시나이까

죽여 주소서 살려 주소서
성케 하소서 앓게 하소서
이름을 주시든 깎아 주시든
싸움 아니면 평화를 주소서

힘을 주시든 약함을 주시든
무엇에든 예 아뢸 뿐이오니
나로써 무얼 하라시나이까

가멸함[264]이나 가난이나
위로거나 아니거나
눈물 아니면 웃음을 주소서
지옥 아니면 천당을 주소서
느긋한 삶 구름 없는 햇살……
그대에게 통째로 바친 몸
나로써 무얼 하라시나이까

기도를 주시려면 마음대로
냉담도 또한 좋사옵니다
싱싱한 열성을 마다리까
메마름이란들 싫으리까
엄위하신 지존이여
그래도 평화만 있으오리니

---

264 재산이나 자원 따위가 넉넉하고 많음.

나로써 무얼 하라시나이까

슬기를 내게 주사이다
사랑 탓인 무지를 주사이다
풍년을 내게 주사이다
주리는 흉년을 주사이다
흐린들 어떠리까 개인들 어떠리까
이리로 저리로 구을리셔도 좋사오니
나로써 무얼 하라시나이까

노닐라는 뜻이시면
사랑으로 노니이리다
일 하라는 명이시면
일 하다가 죽으리이다
언제 어디서 어떻게 라고
님하 말씀만 한 마디 주소서
나로써 무얼 하라시나이까

타볼[265] 아니면 깔바리아[266]
사막 아니면 기름진 땅
고난 속에 '욥'도 좋고
품 안에 쉬는 '요한'도 좋고
주렁주렁 포도밭이든
알땅이든 맘대로 하소서
나로써 무얼 하라시나이까

사슬에 묶인 '요셉'이기로
에짚또[267]의 재상이기로
욕을 당하던 '다빋'[268] 되기로
나라님 된 '다빋'이기로
물에 빠진 '요나스'[269] 되든
물에서 나온 '요나스'이든
나로써 무얼 하라시나이까

---

265 타보르.
266 갈바리아.
267 이집트.
268 다윗.
269 요나.

말해도 그만 안 해도 그만
열음 열거나 아니 열거나
율법이 내 상처 열어 뵈거나
복음의 기쁨에 즐겁거나
괴로워도 반가워도
그대를 내 안에 숨 쉴 뿐이니
나로써 무얼 하라시나이까

그대 위해 삼겨난 몸 난 그대의 것
나로 하여금 무얼 하라시나이까

귀양살이의 하소연 AYES DEL DESTIERRO

님하 그대 없는 살이
어이 이리 애달픈고
그대 몹시 보고만 싶어
죽고지고 죽고지고

이승살이 예는 길은
너무나도 장찬 길을
고달피 드새는 자리
지긋지긋한 귀양살이
이곳에서 날 건지소서
사랑홉는[270] 내 임자시여
당신이 보고지워
죽고지고 죽고지고

눈물겨운 세상살이
더없이 쓰거워라
그대에서 먼 영혼이
사는 것이 아니어라

---

270 '사랑옵다'의 원말.

좋을시고 내 행복이여
박복할손 이 내 몸을
당신이 보고지워
죽고지고 죽고지고

고맙다 죽음이여
내 시름을 덜어 다오
달근달근 네 채찍이
내 영혼을 살린단다
그대 곁에 있는 것이
님하 어인 행복일고
그대 몹시 보고만 싶어
죽고지고 죽고지고

세속엣 사랑을랑
이승에 애바르고[271]
천주엣 사랑을랑

271　이익을 좇아 발밭게 덤비는.

저승에 애마르고[272]
영원하신 하느님하
당신 없이 뉘 살으오리
그대 몹시 보고만 싶어
죽고지고 죽고지고

세상살일랑
잇닿은 고생
참스런 삶일랑
천당에만 있느니
거기가 살아지기
내 님하 허락하시라
그대 몹시 보고 싶어
죽고지고 죽고지고

몸뚱이 시어짐[273]을
무서할 이 그 누구랴

---

272 몹시 답답하거나 안타까워 속이 끓는 듯하는.
273 '세다'의 방언.

다함없는 행복을
그로써 얻는다면
옳도다 내 하느님
영영 당신을 사랑함임을
그대 몹시 보고지워
죽고지고 죽고지고

서러운 내 영혼
울다울다 기진한다
뉘라서 제 님 두고
외오 살 수 있을런가
아서라 말어라
못 견딜 이 상사야
그대 몹시 보고지워
죽고지고 죽고지고

꾀 많은 낚시질에
낚아진 돌잉어도
죽어지면 그 고생도
끝장을 보고 마는 것

나는 아으 그대 없이
못 살겠노라 내 사랑아
그대 몹시 보고지워
죽고지고 죽고지고

쓸데없이 내 영혼이
님하 그대를 그리노니
매양 아니 보이는 그대
타는 애를 어이 꺼 주리
마음속 타다 못해
급기야는 터지고 말으리
그대 몹시 보고 싶어
죽고지고 죽고지고

그대 내 가슴 안으로
드옵실 날 언제일런고
그 순간 행여 내 님하
그대 여윌까 두려워라
이 걱정에 맘 조려져
말씀 올리게 되옵나니

그대 몹시 보고지워
죽고지고 죽고지고

지루도 한 이 괴롬을
주여 끝나게 해 주소서
당신으로 할딱이는
이 종년을 돌보소서
쇠사슬을 끊어 주사
행복하게 해 주소서
그대 몹시 보고 싶어
죽고지고 죽고지고

아니 아니로소이다 사랑하는 님이여
괴로움을 참는 것이 내겐 마땅합니다
내 허물을 기워 갚고
무수한 내 죄를 속해야겠습니다
내 눈물 보람이 있어
제발 그대 들어주셨으면
그대 몹시 보고 싶어
죽고지고 죽고지고를

십자가 송 LOAS A LA CRUZ

십자가! 내 삶의 안식
어서 잘도 오시라

아 깃발! 그 감싸줌에
연약한 몸 굳세어지고
오 우리 죽음의 생명
죽음을 어이 되살리신고

사자도 길들여 순히 만들어서
너로 해 목숨을 버리게 하느니
어서 잘도 오시라

널 아니 사랑하면 사로잡힌 몸
자유와는 등진 몸
너를 향해 나아가면
언제나 빗가지[274] 않으리라

오 사악이 몸 둘 바 없는

---

274 빗나가지.

상서로운 힘이여
어서 잘도 오시라

호된 우리 종살이에
너는 해방이었어라
너로 해 짜장 귀한 약 있어
몹쓸 내 악이 고쳐졌어라

너는 님께로 가는 길
영광을 얻게 하였나니
어서 잘도 오시라

십자가 LA CRUZ

십자가에 생명이 있다
위로가 있다
그 하나만이 길이다
천국 가는 길

십자가에 하늘땅의
임자가 계시다
또한 깊은 평화가 있다
비록 싸움은 있어도
이 세상 모든 악을
그가 흩어 버린다
그 하나만이 길이다
천국 가는 길

새 색신 십자가 보고
제 님께 말하니라
"그대 오르신
값진 빨마
그 열음을 하느님이

맛스럽다 이르셨지요"
그 하나만이 길이다
천국 가는 길

보배로운 올리브 나무
거룩할사 십자가여
그 기름으로 우리 바르고
우리 불을 밝혀 주고
영혼아 십자가 잡아라
크나한[275] 위로 삼아
그 하나만이 길이란다
천국 가는 길

---

275 크나큰.

십자가는 푸른 나무
그려지는 그 나무
새 색시는
그 그늘에 앉아
님을 누리자 하는구나
하늘나라 임금님을
그 하나만이 길이란다
천당 가는 길

나 하나를 고스란히
님께 바친 영혼이면
한 세상을 깨끗이
짐짓 벗어난 그에겐
십자가는 생명의 나무
위로의 나무
즐거워라 그 길이여
천당 가는 길

십자가에 구세주가
몸을 맡긴 그 뒤로는
영광이 보람이
십자가에 있어라
괴로움을 참는 거기
생명과 위로가 있어라
그 길만이 든든하여라
천당 가는 길

밤새는 목동들아 PASTORES QUE VELAIS

양 떼를 지키노라
밤을 새는 목동들아
보라 한 양이 나시는구나
높으신 하느님 아드님이

가난 속에 천히 나시니
그분을 지킬 차비를 하라
서로 즐겨도 못 본 채로
행여 늑대가 앗아갈세라
'힐'아 목장을 이리 다오
내 결단코 놓침이 없이
고양을 앗기지 않으리라
높으신 하느님이 그 아니시냐

반가운 듯 슬퍼서 어리둥절
이 내 거동 넌 보느냐
오늘 나신 어른이 하느님이라면
어이하여 죽으실 수 있단 말이냐
아 그 또한 사람이시로고
목숨은 그 장중에 있는 게로고

보라 이분이 어리신 양
높으신 하느님의 아들이시란다

모를 노릇이로다 왜들 비는지
어느덧 그에게 싸움 걸 사람들이
내사 정말 '힐'아 저 어른이
본 나라로 가심이 나을상 싶다
우리사 죄 있어 귀양 살아도
온갖 복 당신 손에 들어 있거늘
고생을 겪으러 오시었다니
높으나 높으신 이 하느님이

너 보기엔 그 고생이 작은 듯하나
슬픈지고 누구 있어 우리 도우리
남이 하는 고생은 보이지 않고
이 이야말로 숱한 양 떼의 목자
그 영광 얻으심을 너 모르느냐
아무래도 너무나 너무나 한 일
높으신 하느님이 죽으시다니

구세주 나시다 HOY NOS VIENE A REDIMIR

오늘 우리 속량하러
우리 겨레 목동이 오시누나
'힐'아 전능한 천주시란다

그러기 사탄의 옥에서
우리들 빼내셨단다
브라스와 멘가와 요렌떼의
같은 겨레붙이시라니
아 전능도 하신 천주시로고!

천주실 양이면 어이 팔려
십자가에 못 박혀 죽느냐고?
고난받는 죄 없는 분을
죄악이 죽인 줄을 모르느냐?
'힐'아 천주는 전능하시니라

내사 진정 그 나심을 봤노라
예쁘디 예쁜 목녀도 보았노라
그래 천주시라면 하필이며는
가난한 백성을 벗하시느냐고?

그 전능하신 줄을 너는 보지 못하느냐

이런 질문 그만 두고
섬기기나 바로 하자
죽으려고 오신 님과
같이 죽자 요렌떼야
천주님은 전능하시니라

성탄 NAVIDAD

하느님 우리에게
사랑 주셨으니
무서울 것 전혀 없다
둘이서 죽자쿠나

하나뿐인 아드님을
아버지가 주시다니
초라스런 외양간에
오늘 세상에 오시다니
기쁨도 하도할사
사람이 곧 천주로고나
무서울 것 전혀 없다
둘이서 죽자쿠나

보아라 '요렌떼'야
가당찮은 상사로다
하자 없으신 몸으로서
추위를 견디러 오셨구나
버젓하신 천주건만
그 나라도 버리셨구나

두려울 것 무엇이랴
둘이서 같이 죽자쿠나

가멸함을 던져 두고
억센 털옷 걸치시며
어이하여 빠스꾸알 님
지멸[276]하심이 같은고?
가난함을 낫게 여기는
이 어른 우리 따르자쿠나
사람 되어 오셨으니
둘이서 같이 죽자쿠나

너그러우심 갚자하여
무엇을 그에게 드릴런고!
모질기 짝이 없는
끔찍스런 채찍 매질
아프고야 우리네
슬픔도 하고하다

---

276 꾸준하고 성실함 또는 직심스럽고 참을성이 있음.

이것이 진정이거든
둘이서 죽자쿠나

무엄들도 하구나
전능하신 어른을
악독한 백성에게
죽음을 당하시다니 —
'요렌떼'야 이것이 정말일진대
그분을 어서 빼돌리자쿠나
죽기가 소원이신 그분이라면
둘이서 같이 죽자쿠나

벌써 새벽인걸요 YA VIENE EL ALBA

얘 문지기야 내다보라 누가 부르나 보다
— 천사들이에요 벌써 새벽인걸요 —

귓전을 매우 울려 주는 게
아름다운 가락인가 보다
'브라스'야 벌써 낮이로구나
색시나 구경하러 나가 보자

얘 문지기야 내다보라 누가 부르나 보다
— 천사들이에요 벌써 새벽인걸요 —

사또님 집안이라더냐
아니면 어느 집 처녀라더냐
— 하늘 아버지 딸이래요
별같이 반짝이는걸요 —

얘 문지기야 내다보라 누가 부르나 보다
— 천사들이에요 벌써 새벽인걸요 —

피를 흘리며 [할례] VERTIENDO SANQRE

피를 흘리며 계시누나
얘 도밍길료야
내사 까닭 모르겠다

네게 묻노니
하 맑으시길래
죄 없으시길래
이분을 다스린다더냐
내사 모르겠다

욕심이라면 크기도 했지
날 많이 사랑하시는
나는 까닭 모르겠다
얘 도밍길료야

나시자마자
형벌이로구나
그렇다 악을 씻으려고
죽어 가시는구나
오 정말 정말

위대한 목동이시로구나
얘 도밍길료야
내사 까닭 모르겠다

깨끗하신 얘기인 걸
너 보지 못했더냐
— 브라실료와 요렌떼가
나한테 벌써 얘기했는걸요 —
이분을 사랑 않는다면
그야말로 큰일이다
얘 도밍길료야
내사 까닭 모르겠다

내 눈들 그대 뵙과저 VEANTE MIS OJOS

내 눈들 그대 뵙과저
달고 좋은 예수여
내 눈들 그대 뵈옵고
이제 당장 죽과저

장미와 쟈스민은
볼 사람들 보라고
내 만일 그대 뵈오면
즈믄 꽃밭 보게 되리
세라핀의 꽃송이
예수 나자레노여
내 눈들 그대 뵈옵고
이제 당장 죽과저

내 예수님 없이는
좋은 것도 싫어라
이리 된 마음에겐
모든 것이 시름일 뿐
그대 사랑 바람만이
내 기댈 자리라오

내 눈들 그대 뵙과저
달고 좋은 예수여
내 눈들 그대 뵈옵고
이제 당장 죽과저

왕들과 함께 CON LOS REYES

별이 이미
닿았으니
왕들과 가거라
내 양 떼야

가자 다 같이
메시아 뵈러
이미 다 예언들
채워짐 보노니
우리가 사는 이 시대에
올 것은 오고야 말았구나
왕들과 가거라
내 양 떼야

불이는 열성 갖고
왕들 오시니
값진 선물을
우리도 갖고 가자
오늘이야 우리 큰 목녀
기꺼해 마땅한 날

왕들과 가거라
내 양 떼야

요렌떼야 구태여
까닭을 캐려 말라
하느님이 저 아기신 것을……
네 마음
그에게 드려라
나도 그의 것 되리라
왕들과 하냥[277] 가거라
내 양 떼야

---

[277] 함께.

피를 [할례]SANGRE A LA TIERRA

울며 오시는 이 아기님
'힐'아 보라 널 부르고 계신다

우리네 싸움을 없애 주시러
하늘로서 땅으로 오시고는
벌써 싸움은 터진 것이다
그이는 피를 흘리시며
'힐'아 보아라 널 부르고 계심을

대견도 하신 그의 사랑
울음도 모자라는지
불끈 힘을 내뿜는구나
어느덧 호령 내리실 그이
'힐'아 보아라 널 부르고 계심을

끔찍이도 고마운 일
이다지도 일찍부터
피를 흘리고 계시다니
이래도 아니 울으랴
'힐'아 보아라 널 부르고 계심을

보금자리에 편하실 몸이
죽으러만 오셨을손가
'힐'아 우짖는 사자마냥
그이 오신 줄을 모르느냐
'힐'아 보아라 널 부르고 계심을

말하라 빠스꾸알 네 소원을
나를 보고 소리쳐 우니
— 널 사랑하시니 너도 그이 사랑하라
사랑하라 그이 널 괴시니
널 위해 추위에 떨고 계시니 —
'힐'아 보아라 널 부르고 계심을

성 안드레아에게 A SAN ANDRES

사람으로 참는 것이
이렇듯한 즐거움을 주거든
그대 뵈올 제 그 기쁨 어떠하리

안드레스는 십자가를 보고도
저렇듯 기꺼했거늘
영원하신 지존을 뵈올 제
우리의 기쁨이 어떠할는고

오 참는 가운데에도
기쁨은 없을 수 없는 것
그대 뵈올 제 그 기쁨 어떠하리

사랑이 다 크고 나면
일함이 없이 있을 수 없는 것
제 님의 사랑 때문에
센 이는 아니 싸울 수 없는 것

이를 이기고 난 다음이면

일마다 깔축없기[278]를 바라리니
그대 뵈올 제 그 기쁨 어떠하리

사람마다 죽기가 무서웁거늘
그대 어이 죽음이 좋다 하는가
아니다 나는 살러 가노라
가장 으뜸가는 행복 속에서

오 내 천주여! 그대 죽으심으로
짝 없이 약한 자를 굳세게 하시니
그대 뵈올 제 그 기쁨 어떠하리

아 십자가 귀한 나무야
위엄에 너 차 있구나
멸시를 받아야 할 네가
하느님을 신랑으로 모시었으니

---

278 조금도 축나거나 버릴 것이 없다.

너 괼 만한 공이 없이
기꺼움 벅차 네게 오노니
너를 보는 내 기쁨 이를 데 없노라

성 힐라리온에게 A SAN HILARION

한 투사 있어 세상과
그 족당을 오늘 이기시니
돌아오라 돌아오라 죄인들아
이 지름길을 따라가자

깊숙한 고요를 좇아
그의 맑은 가난을
익히며 살 때까지
죽지 말기로 하자
오 저 우리 투사
그 솜씨 장키도 하다
돌아오라 돌아오라 죄인들아
이 지름길을 따라가자

고행의 무기로
루치펠 이기고
인내로 싸우니
두려울 것 없어라
이 기사 따르면
우리도 이기리라

돌아오라 돌아오라 죄인들아
이 지름길을 따라가자

돕는 사람 누구도 없이
십자가 홀로 안으셨다
그 안에 항상 빛을 보누나
죄인들에게 내리신 빛
아 우리의 이 투사님
복된 사랑을 지니셨어라
돌아오라 죄인들 돌아오라
이 지름길을 따라가자

이제금 영광을 얻었도다
괴로움도 끝나고 다시없도다
쌓은 공 어느덧 누리시니
그 영광 짜장 드높아라
행스럽다 개선이여
우리 투사 용맹하다
돌아오라 돌아오라 죄인들아
이 지름길 따라가자

성녀 가타리나에게 A SANTA CATALINA MARTIR

오 영원하신 천주님을
지극히 사랑한 분이여
반짝이는 별님
우리를 도와주시라

나이 어려서부터
신랑님 모시고
그 사랑 간절하여
쉴 줄을 모르시니
겁 많은 사람
목숨 아까워
님 위한 죽음 꺼리느니
그대 따르지 못하리

겁쟁이들아
저 낭자를 보라
황금도 미모도
아랑곳없이
박해의 전쟁에
뛰어들어

도량 큰 맘으로
참아 내누나

오히려 고통은
님 없이 사는 것
형을 받으며도
마음은 고요하니
모두가 즐거울 뿐
죽는 것이 소원이라
살아서는 살 수가
없는 탓이었어라

우리 그의 즐거움을
즐기고 싶다며는
안식을 얻는 일에
싫증이 전혀 없으리라
아 넘어가는 속임수야
사랑 없이 이 어인 짓고
고통으로 살면서도
낫기를 바라다니

행복스런 마음 CORAZON FELIZ

행복하여라 사랑하는 마음
오직 하나 천주님을 상념하고
그이로 해 피조물 다 버리고
그이 안에서 영광과 만족을 발견하고
자신조차 잊고 사나니
그의 온 뜻이 천주님 안에 있음이로라

이렇듯 그는 기꺼이 짜장 즐거웁게
험난한 이 바다의 물결을 가도다

사랑의 대화 COLOQUIO DE AMOR

날 괴시는 사랑이
그대 괴는 내 사랑 같다면
님하 말씀하시라 난 왜 주저하고
그대는 무엇에 서먹해 하시는지

― 영혼아 무엇을 해 주련?
― 님하 그대 뵈옵기만
― 제일 무서운 것은?
― 그대 잃는 것뿐

주님 안에 숨은 영혼이
사랑 짜장 사랑하는 것 외에
무엇을 또 바라리까
사랑에 온통 불덩이 되어서
그대를 사랑코 또 사랑하는 것 외에

님하 외길 사랑을 비노니
그대만 이 맘에 모시게 하라
가장 보람진 그 자리에
아늑한 둥지를 틀게 하시라

얼씨구절씨구 A LA GALA GALA

옥에서 살라심이
우리 님 뜻이시니
얼씨구절씨구
수원[279]이 좋을씨구

예수님 베푸시는
혼연婚宴이 푸지구나
골고루 괴어 주고
우리 비춰 주시니

십자가 따르자
알뜰살뜰히
얼씨구절씨구
수원이 좋구나

이 자리가 웬 자린가
님이 택한 자리로세
행여 죄를 범할쎄라

---
279 수도원.

우리 지켜 주신다네

이 옥살이 달게 참고
오손도손 살작시면
우리에게 주시리라
위로함을 우리에게
주시리라 하셨다네

가멸하심 바라보며
티끌 세상 더러운 것
덧없는 것 다 버리면
그지없는 영광 속에
하고한 것 주시리니
얼씨구나 절씨구
수원이 좋을씨구

어화[280] 사로는 잡혔어도
묘할손 자유로다

---

280 노랫가락 따위에서 기쁜 마음을 나타내어 주의를 불러일으키는 소리.

영원을 위함이니
복될손 삶이로다

어디라 이 마음이
놓여 남을 바랄소냐
얼씨구나 절씨구
수원이 정 좋구나

하늘로 가자 CAMINEMOS PARA EL CIELO

깔멜[281]의 수녀들아
십자가 얼싸안고
우리의 길 우리의 빛
모든 위로의 새암이신
예수님 따라가자
깔멜의 수녀들

세 가지 굳은 맹세 그 약속을
눈동자보다 소중히 지켜만 가면
근심 걱정 슬픔이 천이고
만이어도 이를 벗어나리라
깔멜의 수녀들

높고 높은 지식일손
순명함의 서원은
어김이 없을수록 이그러짐[282] 없느니
하느님이 그대들을

---

281 카르멜.
282 일그러짐.

미리 감싸 주시기를
깔멜의 수녀들

순결의 서원일랑
조심조심 시키면서
천주 아닌 무엇도 바라지 말라

이승의 즈믄 일엔 곁눈질 말고
그 님의 품속에만 몸을 잠그라
깔멜의 수녀들

청빈이란 서원을
조촐하게 지키면
보화는 철철 넘고
천당문이 열린다
깔멜의 수녀들

이러히 함으로써 우리
원수들을 쳐 이기고
마침내 우리는

하늘과 땅을 내신
그 님을 모시고
우리는 쉬리로다
깔멜의 수녀들

행운 BUENA VETURA

낭자여! 서러운 골짝에서
뉘 있어 그대를 이리 인도한고
― 하느님 그리고 내 행운이외다 ―

인내 NADA TE TURBE

그 무엇에도 너 마음 설레지 말라
그 무엇도 너 무서워하지 말라
모든 것은 다 지나가고
님만이 가시지 않나니
인내함이 모두를 얻느니라
님을 모시는 이
아쉬울 무엇이 없나니
님 하나시면
흐뭇할 따름이니라

번역 시편

십자가의 성 요한

어둔 밤 LA NOCHE OSCURA

1
어둠 캄캄 한밤중에
사랑에 타 할딱이며
좋을시고 아슬아슬
알 이 없이 나왔노라
내 집은 다 고요해지고

2
변장한 몸, 어둠 속을
비밀층대로 든든하이
좋을시고 행운이여
어둠 속을 꼭꼭 숨어
내 집은 다 고요해지고

3
상서로운 야밤중에
날 볼 이 없는 은밀한 속에
빛도 없이 길잡이 없이
나도 아무것 못 보았노라
마음에 속 타는 불빛밖엔

4
한낮 빛보다 더 탄탄히
그 빛이 날 인도했어라
내 가장 아는 그분이
날 기다리시는 그곳으로
누구도 보이지 않는 바로 그곳으로

5
오! 밤이여, 길잡이여
새벽도곤 한결 좋은 오! 밤이여
굄하는 이와 굄받는 이를
— 괴는 이로 몸 바꿔진 괴이는 몸을 —
한데 아우른 아하! 밤이여

6
꽃스런 내 가슴 다만지
그분 위해 지켜 온 그 안에
거기 내 님이 잠자실 때
나는 그를 고여 드리고
잣나무도 부채런 듯 바람을 일고

7
성 머리에서 불어오는 바람
난 그 머리채를 흩어 드리고
님은 은근한 손으로
자리게[283] 내 목을 껴 주시니
일체 나의 감각은 아련히 가라앉았어라

8
하릴 없이 나를 잊고
님께로 얼굴을 기대이니
온갖 것 멎고 나도 몰라라
백합화 기진 속에
내 시름 던져 잊어 두고

---

283 뼈마디나 몸의 일부가 좀 눌려서 피가 잘 통하지 못하여 감각이 둔하고 아리게.

영혼의 노래 CANTICO ESPIRITUAL
— 영혼과 신랑의 노래 —

(십자가의 성 요한이 깔멜회[284]를 개혁하실 무렵 간악한 무리들에게 잡히어 주후主後 1576년 12월부터 이듬해 8월까지 아빌라 — 똘레도[285]에서 옥살이를 하실 새 캄캄한 감방에서 이 노래를 지으시니라)

신부

1
아아 어디에 그대를 숨기신고
사랑하는 님하 울음 속에 날 버려 두시고
상처만 나에게 남기신 채
사슴마냥 가 버리신 그대
그대 뒤 외치며 나섰더니 벌써 가고 없구료

2
고개 날망 저 쪽 양 우리로
걸어가는 목동들아
가다가 내 가장 사랑하는
그이를 보고들랑 그 님께 말해 다오

---

284 카르멜회.
285 똘레도.

나는 아프고 고달프고 죽어 간다고

3
내 사랑들을 찾으며
이 산들과 물가를 나는 가리라
꽃들을 꺾지도 않고
들짐승들을 무서워함도 없이
나는 힘센 이들 경계선을 넘어가리라

4
아아 님의 손에 심어진
수풀 우거진 숲들이여
아아 울긋불긋 꽃들 피고
푸르싱싱한 잔디밭이여
그이 너희 사이로 지나가셨는지 일르려므나

5
피조물의 대꾸
온 즈믄 은혜를 뿌리면서
이 숲들을 지나 총총히 가시었소

이들을 보고 가실 적에
그는 그의 얼굴 하나로
아름답게 이들을 꾸며 주시었소

6
신부
아아 누가 날 낫우어 줄 수 있을런가
그대여 이젠 참으로써 통째로 그대를 주옵소서
나에게 사환들일랑
다시는 보내려 마옵소서
그들은 내 소원을 말할 줄 모릅니다

7
당신을 섬기는 모든 이들은 저마다
온 즈믄 당신의 사랑을 얘기하며
그럴수록 저마다 나에게 상처를 주기에
나는 죽어 가며 던져져 있삽니다
저들이 더듬대는 것이 무엇인지 모르고

8
그럼에도 아아 목숨아 너 사는 데를
살지 못하면서 어이 부지하려느냐
님을 너 안에 모심에서 받게 되는
그 때문에 죽어야 하는 화살을
마련하면서 너 어찌 하려느냐

9
이 마음에 상처를 낸 당신이거늘
어찌타 이를 낫우어 주지 않으시나요
감쪽같이 나한테서 이를 앗아가지고도
이냥 이대로 어이 버려 두시나요
가져가신 대로 아주 아니 가지시고

10
당신 아닌 누구도 풀어 줄 수 없는
사모친 내 한을 당신이 꺼 주어요
그리고 내 눈을 보게 해 주셔요
당신은 그의 빛이시오니
당신만을 위하여 나는 그를 간직하려오

11
당신의 계옵심을 드러내 주셔요
그 모습 그 고우심에 나를 죽여 주셔요
보세요 사랑으로 난 병이란
계옵심과 그 얼굴이 아니시면
낫을 줄을 모른답니다

12
아아 수정 같은 샘물이여
은빛 나는 이 너의 얼굴에
너 내 그리워하는 그리고 내 안에
아련히 그려 지니는 눈들을
재빨리 마련하였더라면……

13
사랑하는 이여 저것들을 치워 주소서
훨훨 날아서 나는 가려 합니다
신랑
돌아오라 비둘기야
상처 난 사슴이

고개 위에 나타나
네가 나는 바람에 서늘함을 얻나니

14
신부
내 님은 뫼뿌리들
외딸고 숲 우거진 골짜구니들
묘하디 묘한 섬들과 섬
소리 내며 흐르는 시냇물들
사랑을 싣고 오는 휘파람 소리

15
이슥 조용한 밤
동녘 새벽의 어름
잔잔한 음악
소리 있는 맑은 고요
즐거웁고 황홀스런 저녁 잔치

16
우리 포도밭에 꽃이 한창이로다

암컷 여우들을 몰아내자
송이송이 장미꽃을 잣송이 한 알로 뭉쳐 보자
산에는 아무것도 보이지 말게

17
죽음의 삭풍아 너는 멎거라
마파람아 사랑을 일깨우는 너만 오너라
아름다운 내 동산에 너는 불어서
그의 꽃내음이 풍기게 하라
꽃들 속에 님은 잡수시리라

18
아아 '후데아'의 '님파[286]'들이여
꽃들과 장미나무에
용연향이 향내를 풍길 제
성문 밖에 머물러들 있거라
우리네 문지방일랑 스칠 염도 먹지 마라

---

286 님프. 그리스 신화에 나오는 자연의 정령.

19
사랑하는 님하 그대 몸을 숨기소서
보소서 산들을 향해 얼굴을 돌리시고
그리고 행여 아무 말도 하지 마옵소서
다만지 벗들을 보아 주소서
외딸은 섬으로해 가는 그의 벗들을

20
신랑
가븨야운 새들
사슴들 뛰노는 수사슴들
산과 골짜기와 바닷가와
물이며 바람이며 뜨거움이며
뜬 눈으로 새는 밤의 무서움들이여

21
달콤한 칠현금과
'시레나'의 노래로 너희게 맹서하노니
너희들 분노를 가라앉히고
벽에단 손도 대지 말거라

한껏 편안히 새 색시가 잠자게

22
신부는 그 그리워하던 아리따운
동산으로 들어왔도다
그는 사랑하는 이의
포근한 팔에다
목을 베고 흐뭇이 쉬도다

23
능금나무 아래 거기가
그대와 나 만난 자리
그대에게 손을 준 것도 그 자리
그대의 어머니가 더럽혀진
그 자리에 그대 도로 씻은 듯 낫았나니

24
신부
꽃다워라 우리들 신방
사자들 굴들이 에워싸 있고

자줏빛 빛깔 속에 펼쳐져 있고
평화로움 말미암아 꾸며져 있고
즈믄의 방패로 왕관을 썼나니

25
그대 발자취 더듬어서
아가씨네 줄곧 길을 내닫삽니다
빛살에 맞서서
포도주에 얼근해서
하늘스런 '발사모'[287]에서 좇아 나온 그들

26
사랑하는 내 님 그 그윽한
술광에서 나는 마셨네
나와 보니 허허벌판 어디라 없이
아는 것이 전혀 없었네
입때 따르던 양 떼를 나는 잃고 말았네

---

287 향유. 방향제.

27
거기 님은 그 가슴을 내게 주셨네
거기 진진한 앎을 님은 내게 주셨네
나도 참말 나를 그 님께
남김없이 바쳤네
그의 짝이 되리란 약속도 거기서 하였네

28
님 하나 섬기는 일에
내 영혼 밑천마저 다 들었네
양 떼도 간데없고
아무 할 일도 다시 없네
다만지 사랑함이 내 일일 뿐일세

29
멧갓에서 오는 나를
보지도 찾지도 못하거든
난 스러졌다고 말들을 하소
사랑을 못 이겨 쫓아가면서
잃고도 벌었다 일러들 주소

30
벽옥과 꽃묶음으로
싱싱한 아침에 고르고 골라
우리 화환 둘을 엮으십시다
그대 사랑에 꽃피는 것으로
내 머리칼로 드려진 것으로

31
내 목덜미에 흩날리는
머리카락 하나를 보시고
내 목덜미에 그걸 당신이 보시고
그에 반하여 그대는 계시오니
내 눈동자 하나에 그대 반하여 계시오니

32
그대 날 보고 계오실 제
그 두 눈이 곱으심을 나 안에 찍더이다
이로써 그대 날 사랑하셨사오니
이로써 내 눈도 당신 안에 보옵는 것을
짜장 흠숭할 수 있게 되었삽니다

33
내 살결 검다 하여
행여 싫다 마옵소서
이제야 날 좋이 볼 수 있으시지요
그대 날 보아주신 덕분에
사랑과 예쁨을 나한테 주셨지요

34
신랑
새하얀 비둘기
가지를 물고 방주로 돌아왔도다
어느덧 멧비둘기 암컷
푸른 물가로 돌아를 와
그립던 짝과 서로 만나도다

35
외딸은 곳에 그가 살더니
외딸은 곳에 보금자리 하더니
외따로 그의 님도
사랑에 상사난 외딸은 몸도

외딸은 곳으로 그를 데려가도다

36
신부
님하 노사이다
그대 고우심 안에
맑은 물 흐름하는
뫼와 언덕을 보러 가사이다
깊숙히 더 속으로 들어를 가사이다

37
높다란 바위굴 속으로
우리 재우쳐 가노라면
그것은 아주 그윽한 굴
그리로 우리는 들어가서
석류의 즙을 맛보사이다

38
거기 그대는 나에게 내 영혼이
몹시 바라던 그것을 보이시고

그리고 내 생명 그대여 거기 그대는
언젠가 내게 주시었던 그것을
당장 내게 주시오리니

39
바람의 입김이 올씁니다
낭랑한 밤꾀꼬리의 노래 올씁니다
잔수풀이며 그 아름다움이 올씁니다
고요한 밤에 올씁니다
태우며도 싫증을 아니 주는 불꽃이 올씁니다

40
그 누구도 이를 보지 못하였습네
'아미나답' 그마저 어쩔 수 없었습네
둘러쌌던 무리 잠잠해지고
말을 탄 기사는
물을 보자 물 따라 내려갔습네

사랑의 산 불꽃 LLAMA DE AMOR VIVA

오 내 영혼의 가장 깊은 속에
부드러이 살라 주는
사랑의 산 불꽃이여
다시는 너 매정할 리 없으니
자 이만 끝내어 다오 소원이로라
녹아나는 이 만남의 휘장을 찢어 다오

오 서늘한지고 탄 자욱
오 고마울사 이 상처
아 섬섬한[288] 솔길 오 보드라운 접촉
항상된 생명 맛들이고
모든 빛 다 갚아지나니
너 죽이며 죽음을 목숨으로 바꿨노라

아 불이여 등불이여
그 슴벅이는[289] 빛들에
캄캄 어둡던 감각의

---

288 가냘프고 여린.
289 눈꺼풀이 움직이며 눈이 감겼다 떠졌다 하는 또는 그렇게 되게 하는.

깊숙한 동굴들이
황홀한 고움과 함께
빛과 열을 그 님께 받들어 드리나니

은밀히 내 품 안에
호올로 계시면서 어이 이리
고이 사랑스레 잠깨시는고
지선과 영광이 칠렁이는
그대 향기로운 숨결로 어이 이리
살가이 나를 사랑에 매시는고

들어는 와도 ENTRE DONDE NO SUPE
— 깊은 명상의 황홀 —

들어는 와도 어딘지 모르는 곳
모르는 채 그냥 있었노라
그 온 가지 앎을 훨씬 넘어서

1
어디로 들온지는 몰랐어도
거기 내가 나를 보았을 젠
엄청난 일들을 알아들었노라
어디 있는 줄은 모르면서도
내 느낀 것 말 못하리니
모르는 채 그냥 있었노라
온 가지 앎을 훨씬 넘어서

2
평화와 좋음으로
오롯한 그 앎을
깊은 정적 속에서
옳은 길을 타이르는 것
그윽하기 그지없어

난 더더리[290]가 되었노라
온 가지 앎을 훨씬 넘어서

3
나위 없이 흠뻑 젖고
망연자실 황홀하여
내 감관은 송두리째
전혀 감각을 잃었노라
정신은 모르는 채
또 하나의 깨침을 얻었노라
온 가지 앎을 훨씬 넘어서

4
아득한 데 다다르면
다하는 것 나 하나이니
처음에 그 알던 온 즈믄 일
하찮은 것 되어지고
모르는 듯 아는 깨달음은

---

290 말더듬이.

더욱 커져 가노매라
온 가지 앎을 훨씬 넘어서

5
높이곰 오를수록
아는 것은 줄어들고
이 바로 밤을 밝히는
검은 구름이어니
깨달음을 얻는 이는
언제나 모르며 있노라
온 가지 앎을 훨씬 넘어서

6
모르며도 아는 이 깨달음에
드높은 힘이 있어
현인조차 머리를 써
당해내지 못하느니
알며 모름 아니며는
깨달음은 아득할 뿐
온 가지 앎을 훨씬 넘어서

7
그지없는 깨달음이
감감히 솟아 있어
어느 재주 어느 지식이
생심조차 못하느니
모르며 깨치면서
'나'를 이기는 사람이면
언제나 훨씬 넘어서 가리라

8
알려거든 들어보라
그지없는 이 깨침이란
하느님의 본 바탕을
꿰뚫어 느낌이어니
그 자비가 하시는 일이니라
아니 알며 있는 노릇
온 가지 앎을 훨씬 넘어서

사노라 VIVO SIN VIVIR EN MI

사노라 내 안에 아니 살며
애틋이 바라는 마음 —
아니 죽어져 죽겠노라

1
이미 나 안에 아니 사는 나
님 없이는 살지 못하겠노라
나 없이 그이 없이 있는 것이라면
산다는 이것이 무엇이겠느냐
즈믄의 죽음이나 다름없나니
실상 내 삶을 바라는 탓이로라
아니 죽어져 죽겠으면서도

2
내가 사는 이 삶이란
차라리 삶을 앗음이어니
그대와 같이 살기까진
그러기 끊임없는 죽음이나이다
님이여 이 말씀 들으옵소서
이런 삶이 싫사오니

아니 죽어져 죽겠음을

3
그대 없이 있으면서
내 어이 살 수 있으리까
죽음 중에도 큰 죽음을
치르는 것이 아니오리까
가여울손 이 내 신세
매양 같은 꼴이로다
아니 죽어져 죽겠노라

4
물을 나온 물고기는
죽는 고생 할지라도
급기야 죽어지니
차라리 덜하련만
애달픈 내 살이에
어느 죽음을 비길런가
살사록 더 죽겠음을

5
성체 안의 님을 뵈오며
마음을 달래려 하다가도
실카장[291] 누릴 수 없음에
서글픔만 더해 오니
모든 것이 쓰거울 뿐
원대로 님을 못 뵘이로다
아니 죽어져 죽으리로다

6
그대 뵈올 바람으로
님하 이 마음 즐거워도
잃을 수도 있다는 생각에
마음은 곱으로 아리옵니다
살면서도 무서워 떨고
바랄 대로 또 바라자니
아니 죽어져 죽겠소이다

---

291 슬카장. 실컷.

7
저 죽음에서 날 건지시고
님하 생명을 내게 주소서
억세고 질긴 이 오라에
묶인 채 나를 두지 마옵소서
보고지워 못 살겠음을
너무나 알찬 내 시름이니이다
아니 죽어져 죽겠사옴을

8
이제금 죽음을 울으리다
내 죄 때문에
이렇듯 잡혀 있는
내 삶을 통곡하리다
아 내 천주여 언제이리까
다시는 아니 죽고 내가 산다고
진정 말할 수 있을 그 때가

사랑의 치미는 힘에 TRAS DE UN AMOROSO LANCE

사랑의 치미는 힘에
잡을 듯 움킬 듯
높이 높이만 올라 올라
드디어 사냥감을 얻고야 말았노라

1
아슬한 하늘 고비에
다다르기 위하여는
눈이 아찔하도록
날아야만 하였노라
그래도 이 고빗 사위에
날음이 모자랐어도
사랑은 오히려 하도 높아
드디어 사냥감을 잡았노라

2
높이곰 오를수록
안광이 흐려지고
가장 거센 정복은
밤중만 이루어졌노라

그래도 사랑이 치솟는 바람에
눈먼 양 검은 날음을 했노라
높직이 높직이 날았노라
드디어 사냥감을 움켰노라

3
이렇듯 가마득히 치솟아
높이 더욱 다다를수록
그럴수록 기진맥진
축 늘어져 난 말했노라
— 성공할 이 없으리라 — 고
나위 없이 깔앉아서도
높이 높이만 올라 올라
드디어 사냥감을 얻고야 말았노라

4
야릇도 한 솜씨로고
한번 날아 즈믄을 날았노라
하늘에의 바람은
바람만큼 얻어지느니

이를 홀로 바랐기에
바람이 헛됨 아니었도다
높이 높이만 올라 올라
드디어 사냥감을 얻었노라

외로운 목동 UN PASTORCICO SOLO

외로운 목동 시름에 차 있누나
웃음도 기쁨도 아랑곳없이……
그의 목녀에게 생각을 두고
사랑에 가슴만 애타 하누나

상처를 마음에 받았다 해도
사랑이 아려서 우는 게 아니란다
쓰라려도 차라리 흐뭇한 느낌
잊힌 게 서러워 우는 게란다

아리따운 목녀에게 버림을 받은
이 생각 하나만도 못 견딜 고통
낯설은 고장에서 구박도 많다
사랑에 가슴만 애타 하면서……

목동이 하는 말 아으 가엾어
내 사랑 마다고 차 버린 사람
나랑 함께 즐기기 싫다는 사람
사랑에 가슴만 애타는 나를……

급기야 그는 한 나무에 올라
꽃다운 두 팔을 한껏 벌리고
묶인 채 그대로 죽어 가누나
사랑에 가슴만 애타 하면서……

그래도 밤이어라 AUNQUE ES DE NOCHE

솟아 흐르는 샘을 잘 아노라
그래도 밤이어라

영원한 저 샘이 숨어는 있어도
나는 잘 아노라 그 자리 어딘 줄을
그래도 밤이어라

이승의 캄캄한 밤 속에서도
나는 잘 아노라 그 용솟음을
그래도 밤이어라

그 비롯음 — 없으니 — 내 몰라도
온갖 비롯음 그에서 옴을 아노라
그래도 밤이어라

그 아닌 아름다움 없는 줄을
하늘과 땅이 그를 마시는 줄 내 아노라
그래도 밤이어라

그 바닥 없으신 줄을

그를 건널 뉘 없는 줄을 내 잘 아노라
그래도 밤이어라

어느 제 그 맑음 흐린 적 없느니
그로써 온갖 빛 좇아남을 아노라
그래도 밤이어라

흐름은 괄괄 가디록 벅차
지옥들 하늘들 세상들 씻음을 아노라
그래도 밤이어라

흐름 하나 이 샘에서 솟아 나와
전능하고 가멸짐을 내 잘 아노라
그래도 밤이어라

이 둘에서 좇아난 또 하나 흐름
둘의 누구도 그를 앞서지 않음을 잘 아노라
그래도 밤이어라

세 분이 다만 하나인 산 물 안에 계심을

한 분이 또 한 분에서 좇아옴을 잘 아노라
그래도 밤이어라

영원한 저 샘이 우리게 생명을 주고저
살으신 이 빵 안에 감추여 계시느니
그래도 밤이어라

여기 피조물을 부르고 있어
이 물에서 저들은 배부르노라 어두어도
밤이기에

내 목말라 하는 저 산 샘을
생명의 이 빵 안에 나는 보노라
그래도 밤이어라

ROMANCE 1
— "비롯음에 말씀이 계시더라"의 복음을 따라 —

비롯음에 말씀이 계시고
천주 안에 살으시니
끝이 없는 복을 그분 안에
차지하고 계시니라

말씀이 바로 천주시니
그 이름이 비롯음이라
비롯음 안에 계시어도
비롯함을 안 지니시니라

비롯음이 바로 그이시니
비롯함이 그에게 아니 있고
말씀이 아들이라 불리우니
비롯음에서 나심이니라

항상 그분을 배시었고
항상 그분을 배시고
항상 그에게 체를 주셔도
스스로 항상 지니시니라

이렇듯 아들의 영광은
아버지 안에 가지던 것
그 온 영광을 아버지는
아들 안에 가지시니라

괴는 이 안에 괴이는 이마냥
하나가 또 하나 안에 계시옵고
그들을 맺는 사랑은
하나로 아울리사

이분이나 저분에게나
더 덜 없이 같으시니
위位는 셋 이 셋 중에
괴이는 분이 계시니라

같으신 세 분 안에 고임이 하나
괴시는 분 하나가 그들 있게 하시니
괴는 분은 괴이는 분
서로가 하나로 사시느니라

세 분이 지니는 있으심을
저마다 다 지니시고
이 있음 지니시는 그 위를
저마다가 괴시느니라

이 있음이 위마다 계셔
있음이 홀로 서로를 잇나니
말할 수도 이룰 수도 없는
매듭으로 하시니라

그러기 그들을 이어지는
사랑이 그지 할 수 없느니
셋이 품는 사랑이 오직 하나
이는 곧 본질이라
사랑이 하나뿐일수록
사랑일 뿐이기 때문이니라

ROMANCE 2
— 성삼위 —

두 분에서 좇아 나는
다함없는 사랑 속에
아버지는 아들에게
하 기쁜 말 하시니라

아득 깊은 즐거움을
알아듣는 뉘 없어도
아들 홀로 누리시니
그에게 딸림이어라

알아듣는 그것을
이러히 말씀하니라
— 아들아 너랑 아니면
내 기꺼움 전혀 없다 —

기꺼운 것 있다 하면
너 안에서 사랑는 것
너를 더욱 닮았으면
나를 더욱 즐겁게 한다

너를 전혀 안 닮으면
나를 전혀 모르리라
다만 네가 기꺼우니
내 생명의 생명아

너는 내 빛의 빛
너는 나의 예지로다
내 실체의 모상이여
그로 나는 흡족하다

아들아 너를 괴는 이
나도 날 그에게 주리라
네게 품은 사랑을
그에게 또한 품으리라
그지없이 내 사랑는 너를
그가 사랑함이니라

ROMANCE 3
— 창조 —

너를 괴어 받들 색시를
아들아 네게 주려 하였노라
우리네 한 몫을 네 힘으로
그가 얻기 위함이었노라

내 먹는 같은 빵을
그도 한 상에서 같이 먹어서
이런 아들 안에 내가 지니는
복락을 그도 알라 함이어니
네 사랑 네 가멸함을
나와 함께 즐기기 위함이로라

아버지 감사하여이다
아드님이 그에게 대답하시다
— 내게 주실 신부에게
내 빛을 주리이다
그 밝음을 힘입어 얼마나
내 아버지가 귀하시고
내 가진 있음이 그 있으심에서
받은 것임을 그가 보게 하리다

나는 내 팔에 그를 눕히오리니
그는 당신 사랑에 타오르리다
그지없는 환락 그 속에
당신의 지선은 높아만 가리다

ROMANCE 4
— 값 —

네 사랑에 값하노니 "되어지라"
아버지 말씀하시니
이러히 하신 말씀에
누리가 삼겨났느니라

크넓으신 슬기로써
신부의 궁전을 지으실 새
높고 낮은 두 전각을
따로 따로 하시니라

낮은 것은 천태만상
차별상이 무수하되
높은 것은 묘한 보석에
몹시 아름답더니라

모시는 신랑 누구신지
신부가 좋이 알아차리라고
높으나 높은 곳엔
천사의 계급을 두시었고

인간의 본성을랑
낮은 곳에 두었으니
그의 됨됨이가
저보다 못한 까닭이니라

됨됨이와 자리들이
서로 이같이 나뉘었어도
모두가 신부의 것
그는 이같이 말하니라

한 분이신 신랑의 사랑
온갖 건이 신부 하나로세
높은 곳의 저 이들은
복락 속에 신랑 모시고

낮은 곳의 저 이들은
믿음의 바람 부어 주시며
한때 저들을 기워 주시라신
그 바람 속에 모시네

저들의 그 낮음을
그분이 올려 주시오리
아무도 그 낮음을
조롱할 이 없으오리

그분이 몸소 저들이나
똑같이 되어 주시오리
저들과 함께 오시어서
저들과 함께 살으시리

하느님이 사람 되고
사람이 하느님 되어
그분은 저들과 말하시고
잡수시고 마시리라네

허구한 날 저들과 함께
그분이 늘상 계시리라네
지나가는 이 세상이
없어지기까지라네

다함없는 음률[292] 속에
의인들이 즐기리니
그 짝 이룬 새 색시의
머리가 그분 아니신가

의인들의 모든 지체
새 색시에 잇어 주면
그들은 곧 신부의 몸
이를 그분 팔 안에다

보드라이 안아 주시리
당신 사랑 베푸시사
한 몸 되어진 연후에
어버님께 데리고 가시리

하느님이 누리시는
같은 복을 게 누리니
아버지와 아드님과

---

292 소리와 음악의 가락.

이분들로서 좇아 난 님은
한 분이 또 한 분 안에 사시느니
새 색시도 이러하여
하느님 안에 흡수되어
하느님의 생명을 살으리라네

ROMANCE 5

위로서 저들에게 오던
복스런 이 희망으로
지루턴 저들의 수고도
가볍게만 여겨지더니

오래도 오랜 바람
신랑과 즐기고 싶은
짙어 가는 애태움에
날로 저들은 고달프더니라

그리하여 밤낮으로
기도와 열망과 탄원과
눈물과 한숨으로
빌기를 마지않아서

자기네 그 동무를
이제 곧 주시라 하더니라
누구들은 "내 생전에
기쁜 날이 와 주었으면"

다른 이들은 "주여 그만
보내기로 하신 이를 보내 주소서"
또 누구들은 "금세
저 하늘을 빠개 주신다면

이 눈으로 내려오시는 님 뵙고
나의 울음은 그치련만
높은 데 구름아 비를 내리라
땅은 이것을 갈망한단다

가시만 우리에게 낳아 주던
땅아 바야흐로 열려서
저 꽃 한 송이를 피게 하라
너도 그와 함께 꽃다워지리라"

또 누구들은 "복되리라
그런 때 있어질 사람
제 눈으로 하느님을
뵈옵게 되리로다

제 손으로 그분을 만지리라
그와 벗하여 다니며
그즈음 그분이 마련하실
현의를 맛볼 수 있으리라"

ROMANCE 6

이런 또 다른 기원 속에
기나긴 세월이 흘렀더니라
그러나 마지막 때에 이르러
열성은 더욱 부풀어 오르니라

그즈음 늙고 늙은 시메온이
이 절원[293]으로 불타 하며
제발 그 날을 보게 해 주시라
하느님께 빌더니라

착한 노인에게 성신[294]께서
갚아 주시사 위로부터 오시는
생명을 눈으로 뵈옵기 전엔
죽음을 보지 않을 것이요

그는 하느님을
바로 제 손으로 만져 보고

---

293 간절한 바람.
294 성령.

제 팔 안에 받들어
안아 드리리라
이 말씀을 주시니라

ROMANCE 7
— 성자 강생 —

일찍이 모세가 그에게 끼친
저 율법 밑에서
육중한 멍에 지고 종노릇 하던
신부를 속량해낼

짜정 알맞는 때가
다 왔을 무렵
아버지는 나긋나긋 사랑호웁게도
이러히 말씀하시다

"아들아 내 너의 색시를
네 모습 닮게 지은 줄 너 아나니
너와 같아 보이는 그이
너와 함께 있음이 좋은 일이로다

그러나 그의 몸은 이를 갖지 않은
순수한 너와 다름이 있도다
사랑이 오롯한 것일수록
그것이 요구하는 법이란

사랑하는 이 그 사랑하는 이와
똑같이 되고 싶어 하고
같아짐이 클수록
기쁨이 더욱 그윽함이니라

그의 지닌 살을 너도 지니고
너 그와 비슷이 보여지는 날이면
네 색시 그 속 깊은 즐거움이
반드시 크게 자라리라"

아드님이 대답하시다
"내 마음이 곧 당신 마음이오라
당신 뜻이 내 뜻 되어지옴을
한껏 영광으로 삼나이다

아버지여 당신 지존의 말씀이
옳이만 내게 여겨지오니
이러히 함으로써 당신의 좋으신
뜻이 보다 더 또렷이 나타나리이다

크옵신 당신의 능能과 외로움과 슬기가
나타나시리니 내 이를 알리고저
세상에 가리이다 당신의 고우시고
부드러우심 그 뛰어나심을 알리리이다

나의 신부를 찾으러 나는 가오리니
고달픔 지루하였던 그의
피로움과 가난함을
나 위에 나는 걸머지겠나이다

또한 그가 생명을 얻기 위하여
그 대신 나는 죽으오리다 그리하여
늪에서 그를 건져 내어
나는 그를 당신께 되바치리이다"

ROMANCE 8

그즈음 가브리엘이라는
대천사를 부르시와
마리아라 이름하는
동정녀에게 보내시니

그의 뜻 받음으로
오묘한 일이 이루어져
그 안에 성삼위는
"말씀"을 살로 입히시니라

세 분이 일을 하시어도
한 분 안에 일을 하시니
말씀이 마리아 복중에
강생하여 계시니라

성부 홀로 가지던 이를
어머니도 가지게 되었으나
사나이로서 몸 갖는
그런 가짐이 아니었으니

어머니의 복중에서
그이 살을 받으시었고
이리하여 그는 하느님과
사람의 아들이라 일컬으리라

ROMANCE 9

바야흐로 그 때는 와
나시게 되자
새 색시 팔에 끼고
얼싸안으매

신방을 납시는
새 신랑 같으시니
사랑 깊을 그 어머니
때 마침 거기 있던

두어 마리 짐승들
한 구유에 뉘어 주시니
뭇 사람은 노래하고
천사들은 가락을 높이니라

짝 지어 서로 맺는
가약을 기림이어도
구유 위 하느님은
느끼어 우시더니라

가약에 들고 오는
신부의 보석이 이것이었나니
어머니는 이 바꿈에
놀라는 빛이시니

천주 안엣 사람의 울음과
사람 안에 있는 기쁨과
결국 그 하나와 또 하나는
도시 서로가 남남인 것을

바빌론에 흐름하는
— 성시 〈바빌론 강 위에〉에 부쳐 —

바빌론에 흐름하는
강둑 위에
퍼 버리고 앉아 울었노라
거기 눈물이 땅을 적시었노라

사랑하는 시온아
너를 못 잊어 하며
즐겁던 네 추억에
눈물 더욱 서러웠노라

축제일 옷을 벗어
일옷으로 바꿔 입고
껴 들었던 칠현금을
버들가지에 걸었노라

네게 걸었던 희망
그 위에 얹어 두고
거기 사랑에 난 병들고
내 마음은 앗기우니라

참아 못 견딜 상처이기에
차라리 날 죽여 달랬노라
타질 줄 뻔히 알면서도
그의 불 속엘 뛰어 들었노라
타 죽는 어린 새를
오히려 두남두면서
나 안에 죽으며 있었노라
너 안에 다만 숨쉬었노라

너로 해 스스로 죽어 가고
너로 해 또다시 살아나고
너를 두고 헤어 보니
죽였다 살렸다 너 하는구나
(죽고만 싶어 죽겠기에
내 목숨이 날 죽이더라
목숨이 붙어 머무는 동안
너를 못 보게 하는 탓이니라)

귀양 땅 이방인들이
희희낙락 즐길 적에

철없이 기뻐 날뜀을
어리둥절 보노라니
내 부르던 시온 노래를
그들이 물어 이르러라
"시온의 송가를 불러 다오
가락이 어떤지 들어 보자"

남의 땅이라 더더욱 서러운
시온인 것을 어이하리
시온에 두고 온 내 즐거움을
나로서 어이 노래하리
차라리 아주 잊으면 몰라도
이역에 흥겨워 기꺼할 리야
드새는 땅에서
내 너를 잊는다면
말하던 혓바닥이
입천장에 붙으래라

시온아 바빌론의 푸른 가지가
제아무리 손짓을 하기로소니

기꺼움 한창이라서
너를 내 잊는다면
너 없는 축제일에
히롱하롱 내 노닌다면
너를 두고 내 사랑 없거니
차라리 오른손을 내 잊으리라

가엾다 박복하다
바빌론의 딸아
내가 바라는 그분이사
복되신 어른이시니
네 손으로 나를 치던
그 채찍으로 장차 너를 다스리시리라

그이 당신의 어린이들과
너 안에 울고 있던 나를 그리스도 —
바위로 이끌어 주시리니
그이로 해 나 너를 차 버렸노라
Debetur Soli gloria vera Deo
(참영광이 오직 주님께 있어지이다)

기댈 데 없이 SIN ARRIMO Y CON ARRIMO

기댈 데 없이
기대어서
빛도 없이 어둠에 살며
온통 나를 다하며 있노라

1
지어진 모든 것 털어 버리고
제 위에 내 영혼은 떠 있으니
맛스런 삶 가운데
오직 그 님이 의지시오라
그러기 내 가장 보람진 일
이러히 말할 수 있으리라
이제야 내 영혼 보여진다고
기댈 데 없이 기대어서

2
어차피 죽는 이승에선
어둠을 비록 겪는다 해도
그다지 크잖은 불행
빛이야 비록 없다 해도

하늘엣 생명을 지니노라
눈 아주 먼 채로 갈 양이면
사랑이 이런 삶 내리는 것
영혼은 잠자코 따르는 것
빛도 없이 어둠에 살며

3
사랑을 내 안 지 그로부터
이런 일 하는 것 사랑이니
내 안의 좋은 일 궂은일도
모두 다 그 맛이 하나일 뿐
영혼도 그와 하나 되나니
내 안에 느끼는
맛스런 그 불꽃 안에
남는 것 없이 팔팔하게
온통 나를 다하며 있노라

아리따움 통틀어 대도 POR TODA LA HERMOSURA

아리따움 통틀어 대도
아리송할 내 아니로라
요행히 얻어지는
그 무엇이면 몰라도

그지 있는 복이야 맛이사
막바지에 다다르면
입맛은 간데없고
입천장만 깔깔한 것
그러기 달콤한 무엇에도
철없이 넘어갈 내 아니로라
요행히 얻어지는
그 무엇이라면 몰라도

헌걸찬[295] 마음이야
심한 고비가 아니며는
지나가는 자리에
머무르지 않아라

---

295 매우 풍채가 좋고 의기가 당당한 듯한 또는 기운이 매우 장한.

마음에 차는 것 아무것 없어
믿음만 치솟아 올라를 간다
그로 해 정녕 얻어지는
몰라라 그 무엇을 그는 맛본다

사랑에 아파하는 이
님스런 것에 부딪치자
그 입맛 홀연 변하여
다른 맛을 잃나니
그는 신열로 눈에 보이는
음식마다 싫어지는 듯
요행히 얻어지는
그 무엇에 입맛을 돋구는 것이란다

입맛이 이리 된다 하여
야릇타 여기지 말라
여나문 것 역겨움이
앓는 병 탓이어니
이렇듯 피조물이
모조리 싫어지고

요행히 얻어지는
그 무엇만 당겨지느니라

마음 한번 님에게
부딪고 나며는
님 아닌 무엇으로
후련할 수 없어라
그 아리따움 호올로
믿음으로 보이느니
요행히 얻어지는
그 무엇을 맛보느니라

통틀어 피조물에
맛을 아니 느낀다기로
이토록 상사 난 몸이
한 있을까 말해 보라
허울 없이 모양새 없이
의지도 발판도 없건마는
다만 요행이 얻어지는
그 무엇을 맛본다누나

위 없이 값이 있는
마음에도 속마음이
이승에서 맛을 주는
기쁨 즐김을 누릴소냐
온 즈믄 고운 것보다
있고 있었고 있을 분 안에
요행히 얻어지는
몰라라 무엇을 맛보리라

실속을 바라는 이는
이미 벌어 둔 것보다도
더더욱 벌을 것에
마음을 쓴다 하느니
나도 항시 더욱 드높이
모든 것 다 아래에 두고
요행히 얻어지는
몰라라 그 무엇에 힘쓰리라

이승에서 흡족하게
느끼는 것 깨닫는 것

모든 것 제아무리
으뜸간다 하기로소니
사랑에고 고움에고
아리송할 내 아니로라
요행히 얻어지는
그 무엇이 있을 뿐임을

하느님 말씀 DEL VERBO DIVINO

하느님 '말씀'
몸가진 정녀가
길에서 오신다
그 쉬실 곳 드렸으면!

완덕의 요체 SUMA DE LA PERFECCION

피조물 잊고
조물주 생각코
안으로 맘 돌려
님 사랑하는 것

번역 시편

아시시의 성 프란치스코

태양의 노래 CANTICO DEL SOLE
— 피조물의 노래 —

지극히 높으시고 전능하시고 자비하신 주여!
찬미와 영광과 칭송과 온갖 좋은 것이 당신의 것이옵고
호올로 당신께만 드려져야 마땅하오니 지존이시여!
사람은 누구도 당신 이름을 부르기조차 부당하여이다

내 주여! 당신의 모든 피조물 그중에도
언니 해님에게서 찬미를 받으사이다
그로 해 낮이 되고 그로써 당신이 우리를 비추시는
그 아름다운 몸 장엄한 광채에 번쩍거리며
당신의 보람을 지니나이다 지존하신 이여!

누나 달이며 별들의 찬미를 내 주여 받으소서
빛 맑고 절묘하고 어여쁜 저들을 하늘에 마련
하셨음이니이다

언니 바람과 공기와 구름과 개인 날씨 그리고
사시사철의 찬미를 내 주여 받으소서
당신이 만드신 모든 것을 저들로써 기르심이니이다
쓰임 많고 겸손되고 값지고도 조촐한 누나
물에게서 내 주여 찬미를 받으시옵소서

아리땁고 재롱 피고 힘세고 용감한 언니
불의 찬미함을 내 주여 받으소서
그로써 당신은 밤을 밝혀 주시나이다

내 주여 누나요 우리 어미인 땅의 찬미받으소서
그는 우리를 싣고 다스리며 울긋불긋 꽃들과
풀들과 모든 가지 과일을 낳아 줍니다

당신 사랑 까닭에 남을 용서해 주며 약함과
괴로움을 견디어 내는 그들에게서 내 주여 찬양받으사이다
평화로이 참는 자들이 복되오리니
지존이여! 당신께 면류관을 받으리로소이다

내 주여! 목숨 있는 어느 사람도 벗어나지 못하는
육체의 우리 죽음, 그 누나의 찬미받으소서
죽을 죄 짓고 죽는 저들에게 앙화殃禍[296]인지고
복되도다 당신의 짝 없이 거룩한 뜻 좇는 자들이여!
두 번째 죽음이 저들을 해치지 못하리로소이다

---

296 어떤 일로 인하여 생기는 재난.

내 주를 기려 높이 찬양하고 그에게 감사
드릴지어다 한껏 겸손을 다하여 그를 섬길지어다

부록

최민순 신부 연보

1912년	10월 3일 전라북도 진안에서 태어났다.
1923년	고향에서 보통학교를 졸업하고, 학교에 가고 싶은 원의가 생겨 본당 신부님의 도움으로 대구의 성 유스티노 신학교에 입학하였다(당시의 일은 그의 수필 〈고향〉에 잘 나타나 있다). 그는 신학생 시절부터 글재주가 뛰어났고 사색하기를 즐겼다고 한다.
1935년 6월	대구 성 유스티노 신학과를 졸업하고, 사제품을 받았으며, 김제(현 요촌) 성당 보좌 신부로 부임하였다. 그 후 전동 본당에서 보좌 신부와 주임 신부로 재임하였다.
1939년 3월	전주 해성심상소학교 교장으로 취임하였다.
1945년 3월	모교인 대구 성 유스티노 신학교 학장으로 임명되었으나 일제의 강압으로 학교가 문을 닫아 5월 경성천주공교신학교(현 가톨릭대학교 신학대학) 교수로 부임하였다.
1950년	한국 전쟁이 발발했음에도 피난을 떠나지 않고 북한에게 점령당한 서울에 남아 학교를 지켰다. 그

	의 수기 〈밤의 일기〉는 이 시기의 일을 잘 나타내고 있다. 1950년은 그에게 불행한 해였는데, 형이 봄에 죽고, 어머니도 가을에 세상을 떠났다.
1951년	대구대목구 출판부장으로 임명되어 대구 〈천주교회보〉(현 가톨릭신문) 및 〈대구매일신문〉(현 매일신문) 사장으로 취임, 많은 논설과 호교론을 발표하여 언론을 통한 선교에 일익을 담당하였다.
1952년	다시 가톨릭대학교 교수로 복직하였다. 이때 그는 수많은 작품을 남겼는데, 1954년 수필집 《생명의 곡》, 1955년 첫 시집 《님》 등을 저술하였다. 1957년부터는 단테의 《신곡》(지옥편)을 번역하기 시작하여, 1960년에는 《신곡》 번역을 모두 끝마쳤다. 이 《신곡》은 지금도 국내에서 손꼽히는 명번역으로 인정받고 있다. 또한 그는 세르반테스의 《돈키호테》(전편) 번역으로 1960년 제2회 한국 펜클럽협회 번역문학상을 수상하였다.
1960년 8월	신비 신학과 고전 문학 연구차 스페인 마드리드 대학교에 2년간 유학하였다. 당시 그의 모습은 유고집 《영원에의 길》에 실린 아동 문학가 마해송 선생님 내외분과 자녀들에게 보낸 편지에 잘 나타나 있다.
1962년 9월	학업을 마치고 귀국하여 서울 성가소비녀회 지도 신부로 지냈다.
1963년	부천 소명여자중고등학교에 교장으로 취임하였다. 이 해에 두 번째 시집 《밤》을 출간하였다.
1965년	아우구스티노 성인의 《고백록》을 번역하여 출간하였다. 이 시기에 한국천주교주교회의에서 가톨

릭 공용어 심의위원회를 구성하여 옛 기도문과 미사 경본을 개정하기로 하고 12단 기도문을 다시 만들어 1968년 새로운 가톨릭 기도서를 간행하였다. 여기에 가톨릭 공용어 심의위원이었던 그가 번역한 '주의 기도'와 '대영광송' 등의 기도문이 수록되었다. 이 시기에 윤형중 신부와 함께 선종완 신부가 번역한 구약 성서를 감수하였다.

1967년	서울 성모영보 가르멜 수녀원 지도 신부로 부임하여 같은 해 예수의 데레사 성녀가 쓴 《완덕의 길》을 번역하여 국내에 소개하였다.

1968년	대표적인 업적으로 꼽히는 구약 성서 시편의 우리말 번역을 마쳤다.

1969년	다시 가톨릭대학교 교수로 복귀하여 신비 신학을 강의하였다. 그는 좀처럼 대중 앞에 나서지 않고, 사제 양성에 힘을 쏟으며, 연구에 전념하였다. 이미 적지 않은 나이임에도 불구하고, 왕성한 번역 작업을 하여 1970년 예수의 데레사 성녀의 《영혼의 성》, 1971년 십자가의 요한 성인의 《깔멜의 산길》, 1973년 십자가의 요한 성인의 《어둔 밤》을 번역하였다. 그리고 출간되지는 않았지만 세르반테스의 《돈키호테》(후편), 십자가의 요한 성인의 《영혼의 찬가》도 번역하였다.

1974년	그의 학술적 업적에 힘입어 로마 가르멜회 총장에게 명예회원 표창장을 받았다.

1975년	8월 19일 가톨릭대학교 교수 숙소에서 지병인 고혈압으로 조용히 눈을 감았다. 그의 선종 후 그를 알던 많은 이들은 하느님만을 사랑하며 인생을 고요하고 성스럽게 지냈던 분이 돌아가셨음을 아쉬워했다. 특히 작곡가 이문근 신부는 〈가톨릭시보〉에 쓴 추모 글에서 "인제 나는 뭐야? 최민순 작사 이문근 작곡은 이젠 영영 글러 먹은 거 아냐?"라고 하며 그의 죽음을 안타까워하였다. 그의 시신은 용산 성직자 묘지에 안장되었다.

최민순 신부 작품

저서

시집 《님》(경향잡지사, 1955년)

《밤》(가톨릭출판사, 1963년)

수필집 《생명의 곡》(경향잡지사, 1954년)

유고집 《영원에의 길》(가톨릭출판사, 1977년)

번역서

성경 《시편》, 《아가》

문학 《신곡 — 지옥편》(경향잡지사, 1957년)

《신곡 — 전편》(을유문화사, 1960년)

《돈키호테》(정음사, 1960년)

《고백록》(성바오로출판사, 1965년)

《완덕의 길》(성바오로출판사, 1967년)

《영혼의 성》(성바오로출판사, 1970년)

《깔멜의 산길》(성바오로출판사, 1971년)

《어둔 밤》(성바오로출판사, 1973년)

최민순 신부에게 보내는 편지

님을 향한 그리움으로 밤을 노래한
아름답고 간절한 영성의 시편들

온 세상이 나를 받들어/ 영롱한 면류관 씌워 주고

내 영광은/ 태양같이 땅 끝을 적시어도

님이여/ 그대 없는 삶은 섦도소이다

— 〈님 없는 삶〉 중에서 —

편지를 쓰실 때면 '진정 오랜만에 불러 보는 이름입니다'라는 말을 즐겨 쓰셨던 신부님께 제가 오늘은 같은 말로 인사를 드려 봅니다.

참으로 오랜만에 불러 보는 이름입니다. 존경하는 최민순 요한 신부님!

1968년 5월 제가 첫 서원을 하고 잠시 서울에서 근무하던 시절, 《경향잡지》 편집 담당 수녀님과 함께 혜화동으로 신부님을 찾아뵙곤 하였지요.

겉으론 무뚝뚝해 보여도 사실은 다정다감하셨던 신부님의 이런 저런 유머도 그립습니다.

"내 이름이 여자 같아서 말이야, 병원에 입원했는데 여자 잠옷이 나왔지 뭐야." 하며 크게 웃으시던 모습도 떠오릅니다. 남몰래 모아 둔 저의 습작 시들을 읽어 주고 충고와 격려를 해 주시던 신부님이 1976년 2월《민들레의 영토》첫 시집이 나오기 6개월 전에 갑자기 세상을 떠나시어 얼마나 놀랍고 슬펐는지요!

제가 필리핀에서 공부할 때 손수 타이핑해서 보내 주신 편지들을 소중하게 간직하고 있는 저에게 신부님은 지금도 말씀하고 계십니다. '인간은 무엇으로 살지 못하고 그 누구를 발견해야 한다', '소화 데레사같이 아버지를 발견해야 해', '성직 생활의 파탄은 이 누구를 발견 못한 채 법이다, 규칙이다 하는 무엇에만 충실했기에 낙오하는 것'이라고요.

'내가 이번에《깔멜의 산길》을 번역했는데 그 머리말은 아름다움을 가지고 해 보았오. 우린 진과 선만을 많이 말하고 아름다움이신 하느님께 대해선 무관심하다'고 안타까워하셨지요.

한국 가톨릭 신자들은 신부님의 시편 번역을 통하여 우리말의 아름다움에 더욱 눈뜨게 되었고 심혈을 기울여 번역하신 십자가의 성 요한과 아빌라의 성녀 대 데레사 책을 통하여 그분들의 영성의 깊이와 향기에 매료되었습니다.

이문근 신부님이 곡을 쓰신 순교 성인들의 노래를 부를 적마다 신부님의 절절한 노랫말이 항상 깊은 감동으로 다가오곤 한답니다.

하느님을 향한 한결같은 경외심과 애정이 간절하지 않고는 결코 나올 수 없는 사랑의 시, 믿음이 깊지 않고는 나올 수 없는 신앙의 시로 우리에게 영성의 별이 되신 신부님, 직접 경험을 못한 이들에겐 다소 낯설게 여겨질 수도 있는 신비의 시들로 신부님의 작품들은 모두가 다 불후의 명작으로 한국 가톨릭 역사에, 한국 문학사에 길이 남을 것이라 확신합니다.

'해마다 한 권씩 낸답시고 올 성탄에도 십자가의 성 요한을 내놓게 되었지만 여름에 고혈압으로 두 번 입원, 지금은 쉬고 있으니 번역은 그만두고 어서 오라는 님의 뜻이신지 하기야 성녀 데레사 같으면 두 번 성녀 되시고도 남을 나이를 오래 살았으니 두서 보았자 신통한 열매 맺지 못할 나무, 무슨 낯으로 더 살기를 바랄손가' 선종하시기 5년 전 (1970년 12월) 성탄에 제게 보내신 편지를 다시 읽어 보며 그토록 그리워하신 본향에서 편히 쉬고 계실 신부님의 《님》과 《밤》을 한꺼번에 다시 읽어 볼 수 있어 행복합니다.

<blockquote>
빛깔 없는 아름다움/ 소리 없는 님의 노래
내음 없는 님의 향기/ 아람 없는 님의 포옹 그 속에서
온갖 것 아주 잊고 오롯이 잊혀진 채
하나……
님만을 알고 사랑하며 살아지이다
— 〈아! SAN JUAN DE LA CRUZ〉 중에서 —
</blockquote>

저도 일편단심 님을 향한 그리움으로 살다가 지복의 나라에서 신부님을 반갑게 뵈올 수 있길 겸손된 마음으로 소망하여 봅니다.

신부님이 쓰신 채송화 엉겅퀴 두메꽃을 사랑하는 이 작은 시인에게 축복의 기도를 해 주시길 청하면서 못다한 이야기는 기도 안에 이어 갈게요.

2022년 가을
부산 광안리 성 베네딕도 수녀원에서
늘 감사드리는 클라우디아 해인 수녀 올림

최민순 신부 장례 미사 강론

시인이며 사제인 영성 신학자

받으시옵소서. 황금과 유향과 몰약은 아니더라도 여기 육신이 있습니다. 영혼이 있습니다. 본시 없던 나 손수 지어 있게 하시고 죽었던 나 몸소 살려 주셨으니 받으시옵소서. 님으로 말미암은 이 목숨, 이 사랑, 오직 당신 것이오니 도로 받으시옵소서.
― 〈받으시옵소서〉 중에서 ―

친애하는 형제자매 여러분,

이렇게 읊으신 시의 말씀 그대로 우리의 스승이시요 목자이시며 선배요 동료 사제인 최민순 신부님은 지난 19일 (1975년 8월) 밤 홀연히 주님의 부르심을 받고 주님의 품 안으로 돌아가셨습니다. 이제 우리는 우리가 존경하고 사랑하던 그분과 이 미사를 바침으로 지상에서는 마지막 고별의 인사를 드리게 되었습니다. 40년의 사제 생활을 통해서 영성 신학자이기도 하신 신부님이 사랑하는 한국 교회에 남기신 업적은 영적으로 깊고 큽니다. 은수자와 같이 숨어 살다시피 하시고 좀처럼 대중 앞을 나서기를 싫어하셨지만 신부님은 그 명강론을 통해서, 글과 시를 통해서, 영성에 관련된 역서를 통해서, 수많은 구도자, 신자, 수도자, 성직자에게 하느님의 사랑을, 생명을, 그 빛을 전달해 주셨습니다. 무엇보다도 20년이 넘는 세월 동안 가신 그날까지 신학교 교수로 봉직하시면서 사제 양성에 헌신하신 것과 우리들이 일상 기도로 바치는 성경의 시편을 번역해 주신 것은 우리 모두가 길이 기억해야 할 은공이라 아니 할 수 없습니다.

최민순 신부님은 널리 알려진 시인이며 사제입니다. 그러나 무엇보다도 신부님은 하느님의 사람이었습니다. "하느님의 사람아, 노래를 들려 다오. 어둠과 죽음을 떨치고 일어설 빛과 생명의 노래를 불러 다오." 이렇게 신부님은 당신의 제자인 한 젊은 사제의 시집 서문에 기원하시면서 외치셨습니다. 그런데 신부님 스스로가 바로 이러한 '하느님의 사람'이었습니다. 신부님은 참으로 사제이시기에 하느님의 사람이었고 하느님의 사람이시기에 당신의 사모하던 성 아우구스티노와 같이 주님을 "사랑 속에서 찬미하고 찬미 속에서 사랑하셨습니다."

신부님은 주님을 사랑하고 찬미하는 데 싫증을 모르고 지칠 줄 모르셨습니다. 그러시기에 신부님은 "야훼는 나의 목자 아쉬울 것 없노라."라는 시편 22편을 즐겨 부르셨습니다. "파아란 풀밭에 이 몸 뉘어 주시고 고이 쉬라 물터로 나를 풀어 주시니, 내 영혼 싱싱하게 생기 돋아라." 이렇게 신부님은 하느님 앞에 어린 양과 같이 순하고 겸손하셨습니다. 하느님께 모든 것을 믿고 맡기며 살아 오셨습니다.

  신부님의 하느님은 엄격한 조물주 형이상학적 절대자만이 아니었습니다. 착한 목자시고 아버지이셨습니다. 하느님은 신부님의 동경, 신부님의 꿈, 신부님의 소망, 신부님의 사랑 전부였습니다. 성녀 데레사와 같이 "오직 하느님만으로 족하다."고 하시면서 그렇게 남을 가르쳤을 뿐 아니라 당신의 신념으로 삼으셨습니다. 한마디로 신부님께 하느님은 사랑하는 '님'이십니다. 몽매에도 잊을 수 없는 보고 싶은 그 '님'이십니다. '밤' 그리고 '받으시옵소서'로 시작되는 유시는 이를 잘 증명하고 있습니다. 이 하느님을 떠나서 신부님은 문자 그대로 달리 당신의 삶의 의미나 존재의 가치를 찾지 못했습니다. 이 영성의 깊이, 이 신앙의 깊이는 참으로 우리 모두가 본받고 따라야 할 귀감이 아닐 수 없습니다.

  이제 영성이 메말라 가고 영성에 굶주리는 한국 교회는 참으로 아쉬운 분을 잃었습니다. 신부님도 인간으로서는 쉽게 죽음을 맞이할 수 없었을지도 모르겠습니다. 그러나 이미 오래전부터 주님과 대월對越하는 이 시간을 위한 마음의 준비를 하고 계셨습니다. 유시 '받으시옵소서'가 그렇고 작년 사순절 바로 이 자리에서 특별 강론을 시작하시면서 그것이 당신 생애의 마지막 사순절 특별 강론이 될 것이라고 예언하셨습니다. 뿐만 아니라 금년 사목 1월호에 '마지막 성년'이라는 제목 아래 쓰신 글에서는 "정녕 내 평생에 마지막 주후 1975 성년이야말로 하느님 아버지를 우러러 실컷 한 번 솟구쳐 보고 싶은 세로의 마음, 골고타에서도 감사와 사랑을 외치며 죽고 싶은 생명이다."라고 하셨으니 마치 이 성년에 하느님께 솟구쳐 오르는 기도와 같이, 비둘기와 같이 저 하늘 높이 주님의 품으로 영영 깨끗이 돌아가시기를 원하신 것처럼 말씀하셨습니다. 이제 신부님은 당신이 원하신 대로 가셨습니다. "죽음의 그늘진 골짜기를 간다 해도 당신 함께 계시오니 무서울 것 없나이다." 시편을 읊으며 가셨습니다(시편 22). "나아기리이다. 내 기쁨, 내 즐거움이신 하느님께 나아가리이다. 내 영혼아, 어찌하여 시름에 잠겨 있느냐…… 하느님께 바라라. 내 다시 그 님을 찬미하게 되리라."(시편 42,4-5) 이렇게 노래 부르며 가셨습니다. 이제는 주님과 대월한 영복 속에서 신부님은 "한평생 은총과 복이 나를 따르리니, 오래오래 주님 궁에서 살으오리다."라고 끝없이 끝없이 사랑 속에 주님을 기리시리라 믿습니다.

친애하는 형제자매 여러분, 신부님의 작고를 애도하면서 이 시간 우리는 물론 신부님을 위해서 기도드려야 하겠습니다. 그러나 동시에 우리를 위하여 기도해 주실 것을 빌어야 하지 않을까 생각합니다. 그래서 "하느님의 사람아, 노래를 불러 다오. 어둠과 죽음을 떨치고 일어설 빛과 생명의 노래를 불러 다오." 이렇게 우리를 위해 아직도 죽음의 질곡과 어둠을 벗어나지 못한 우리를 위해 주님께 기도해 주실 것을 주님 대전에 나아가신 요한 최민순 신부님께 기원합니다. 주여, 영원한 빛으로 저를 비추어 주소서. 또한 여기 모인 우리 모두를 비추어 주소서. 아멘.

1975년 8월 23일
김수환 스테파노 추기경

지은이 **최민순**

1912년 전라북도 진안에서 태어났으며 1935년 사제품을 받았다. 천주교회보사와 대구매일신문 사장으로 일했으며, 스페인 마드리드 대학교에 유학하여 2년 동안 신비 신학과 고전 문학을 연구하였다. 가톨릭 공용어 심의위원회 위원, 가톨릭대학교 신학대학 교수 등을 역임하다가 1975년 지병인 고혈압으로 선종하였다.

저서로는 수필집 《생명의 곡》과 시집 《님》, 《밤》 등이 있고, 번역서로는 단테의 《신곡》, 세르반테스의 《돈키호테》, 아우구스티노 성인의 《고백록》 등이 있다. 그의 번역은 정확하고 아름다운 번역으로 널리 알려져 있다. 이 밖에 가톨릭 공용어 심의위원회 위원으로 활동하면서 '주의 기도', '대영광송' 등의 기도문을 번역하였으며, 성가 여러 편의 노랫말을 짓기도 하였다. 1960년 제2회 한국 펜클럽협회 번역문학상을 수상하였고, 1974년 로마 가르멜회 총본부로부터 명예회원 표창장을 받았다.